世界は **もっと！** ほしいモノに あふれてる **3**

～これからも海を越えて仕事する！～

監修・協力：**NHK**「世界はほしいモノにあふれてる」制作班

KADOKAWA

はじめに

暮らし中で使われてきた道具。受け継がれてきた手仕事。そこでしか出会えない食材。世界には、まだ見ぬ、もっと！ほしいモノがいっぱいあります。パンデミックを世界中で乗り越えようとしている今、ちがう方法でつながることがきっとできる。培った信頼でもう一度、分かち合うことができる。これからも海を越えて仕事をする人々に会いにいきます。

 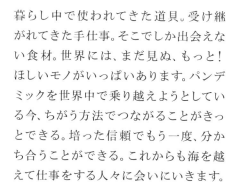

Contents

はじめに｜3

シーラ・クリフさんと行く
ロンドン・京都
KIMONOをめぐる旅｜8

Mission of Kimono Evangelist
着ることのできるアート、KIMONOの魅力を世界に発信する｜10

Mission
ロンドンの最新KIMONOカルチャーをチェックする｜14
小物はスパイス！ イーストロンドンでKIMONOに合う帽子を探す｜16
京都・丹後地方。伝統の技でリユースしてサステナブルに｜18
「不思議の国のアリス」のKIMONOに未来を見つける｜20
土地に根付くKIMONO。与謝野町の草木染を訪ねる｜22
「簞笥びらき」と「絹の道」でKIMONO文化を伝える｜24

Sheila's History
KIMONOの素晴らしさを、世界に向けて発信し続けたい｜26
運命の長襦袢から人生が開けました｜28
着物はこんなにおしゃれ。もっと楽しんで｜30

シーラ・クリフさんへ10の質問｜31

坂野高広さんと行く
ベトナム
幻の陶器を探す旅｜32

Mission of Buying
レトロに新たな価値を見出して文化をつないでいく｜34

Mission
ヴィンテージソンベをリモートで買いつける｜38
若き作家と“レアグルーヴ”なソンベ焼きを復活させる！｜40
坂野さん＆ハオさんによるヴィンテージソンベ解説｜42

エキゾチックなビエンホア、繊細なオールドバッチャンを探す｜44
山岳地帯に暮らす少数民族の手仕事を背景と一緒に紹介する｜46
ベトナムスイーツ・カフェ「Chè 333」を始める｜47

Takahiro's History
ストリートカルチャーがスタートでした｜48
ダンスミュージックからベトナム雑貨の店へ｜50
いつも心に "THE GREATEST LOVE" を｜52

坂野高広さんへ10の質問｜53

仲本千津さんと行く
アフリカ
ハッピープリントを探す旅｜54

Mission of Buying
アフリカのハッピープリントで唯一無二のブランドへ｜56

Mission
一期一会のハッピープリントを探す｜60
アフリカ・ウガンダで30歳までに起業する！｜62
ハッピープリントの生産・流通ラインを育てる｜64
ウガンダ伝統の素材、バーククロスを見つける｜66
バーククロスからオリジナルのバッグを作る｜68
アフリカのアップサイクルなファッションアイテムを探す｜70

Chizu's History
自分の知識とスキルで社会の問題を解決できる仕事につきたい｜72
ウガンダで出会ったアフリカンプリントで「好き」と向き合った｜74
手にする人の人生を支えるブランドにしたい｜76

仲本千津さんへ10の質問｜77

CONTENTS

ファビアン・デグレさんと行く
フランス
極上チーズを探す旅 | 78

Mission of Fromager
チーズは無限の世界。誰も知らないチーズを提供する | 80

Mission
ブルターニュ、アール島。未来のチーズ生産者を応援する | 84
地元の生産者と新しいチーズの風味を開発する | 86
一流シェフと情報交換する | 87
ピレネー山脈へ羊飼いのチーズを探しに行く | 88
幻のチーズから「分かち合う」という考え方を学ぶ | 90
ホームタウン、ル・マンで"ぼくのお店"を始める | 92

Fabien's History
ル・マンのチーズ屋さんに生まれて日本でチーズの修行をする | 94
日本で頑張った日々が世界一のフロマジェにしてくれた | 96
注目しているのはイギリスのチーズ | 98

ファビアン・デグレさんへ10の質問 | 99

東山香里さん&設樂真也さんと行く
アメリカンヴィンテージ家具を探す旅 | 100

Mission of Buying
アメリカが最も豊かだったミッドセンチュリーの家具に宿る夢を探す | 102

Mission
ハリウッドセレブ御用達のショールームでヴィンテージ家具の流行をリサーチ | 106
デザイナーのセンスと職人の技が生み出したミッドセンチュリー家具を探す | 108
迷ったら買うが鉄則。パサデナのフリーマーケットで争奪戦に勝つ | 110
SNSで見つけた陶芸作家から温もりのある雑貨を買いつける | 112
南カリフォルニア最大のアンティークモールで雑貨を探す | 113
旅の途中で次の旅につながるヒントを見つける | 114
アップサイクルして世界に一つのカスタム家具を作る | 116

Yukari's History
アメリカ村の古着が大好きでした│118
東 由香里さんへ10の質問│119

Shinya's History
子どものころの夢は大工です│120
設樂真也さんへ10の質問│121

青木由香さんと行く
台湾
あったかレトロをめぐる旅│122

Mission of Buying
奇怪ねー！台湾のいいもの、いいところを伝える│124

Mission
オールド台湾のエビ皿を探す│128
台湾レトロな万能家電を使いこなせ│130
鮮やかな菱形模様の織物を見つけにタイヤル族の不老集落へ│132
最高峰の刺繍の技を持つパイワン族の陳ママに会いに行く│134
軽くて丈夫なアミ族の月桃カゴ作りに挑戦する│136
台湾のいいもの、いいところを紹介する│138

Yuka's History
芸術家志望の私が台湾へ渡ったワケ│140
台湾の"いいもの"を紹介するセレクトショップをオープン│142
より深く台湾を知ってもらうために│144

青木由香さんへ10の質問│145

Reference List│146
Program List│148
Staff List│150
おわりに│151

シーラ・クリフさんと行く

ロンドン・京都
KIMONOを
めぐる旅

日本の骨董市で見た赤い襦袢に心を奪われて、そのまま日本に居続けて36年。今や大学教授でKIMONOの伝道師のシーラ・クリフさん。「Instagramのデータを見ると、私のフォロワーは8割が日本人。前は外国に向けて発信していたのに、今は日本人に着物の魅力を聞かれる」とシーラさん。KIMONOの新しい魅力を探して、ロンドンと京都をめぐります。

着ることのできるアート、KIMONOの魅力を世界に発信する

KIMONOは着ることのできるアート

イギリス、ロンドン。伝統とトレンドが交錯するこの街で、目にも艶やかな日本の着物に身を包み、さっそうと歩く青い目の女性がいる。シーラ・クリフさん、イギリス出身の着物研究家・スタイリストだ。1985年の初来日時に着物に魅せられ、そのまま日本に定住。独自に着物文化の研究を重ね、今では大学で教鞭をとるほどのエキスパートだ。

そんな彼女を5年ぶりのロンドンに駆り立てたのは、今ロンドンっ子たちの熱い視線を集めているKIMONOの魅力を発信するため。2020年3月、ファッションの分野で世界的に有名なVictoria and Albert Museum（ヴィクトリア＆アルバート博物館。以下V&A）で、着物をテーマにした初の大規模な展覧会が開催された。実はシーラさん、その仕掛け人のひとりでもある。

「KIMONOは、着ることのできるアート！」と、欧米の一流ファッションブランドのショーと同じくらい高い人気を集めた「Kimono: Kyoto to Catwalk」。和装の歴史はもちろん、着物に影響を受けた貴族のドレスや映画の衣装など、300点もの資料が公開された。中でも注目を浴びたのが、新進気鋭の日本の作家が手がける自由でファッショナブルな現代着物。シーラさんは、そのクリエイターと博物館側の橋渡しをしたのだ。

型破りデザイン×伝統の技

'20年3月初旬、イーストロンドンにあるギャラリーに、シーラさんの姿を見つけた。この日は、V&Aにも出品した注目のデザイナー、平山佳秀さん・あさこさん夫婦も参加した展示会のオープン日。彼らの革新性を高く評価するシーラさんが、展示会開催を勧めたのだ。

平山さん夫婦は、着物を特別なものではなく、普段着のひとつとして提案している。手軽に洗える素材で、価格もリーズナブル。花鳥風月のように季節やシーンに左右されない、幾何学模様を使ってデザインする。

「ライフスタイルに合わないと意味がない。着物も本当にカジュアルに、普段から着てもらえるような感覚にしたい。和柄に興味がない子たちも取り込みたい」という佳秀さん。京都・嵐山で染物工房の三代目として生まれ、グラフィック業界でキャリアを積み、'07年、あさこさんと共に着物の世界に飛び込んだ。父世代の引き染め職人が、年々減っていく状況を憂い、和装業界のブレイクスルーを狙っている。

そんな夫婦が勝負の一手としてロンドンで発表すると決めたのは、アメリカンコミック風の図柄を取り入れた斬新な帯。アメコミの象徴である模様や影を表現するドット柄を生み出すのは、日本古来の伝統、西陣織。型破りなデザインに、

アメコミ風イラストを西陣織で

「カジュアルに着られる」着物を目指す
平山佳秀さんとあさこさん

展覧会の図録にも寄稿

先人から守り継いだ本物の技が宿った
逸品だ。ロンドンの人々に、アメコミ織は
響くだろうか。ごった返すギャラリーで、
興味を示す人たちを相手に、シーラさん
はプレゼンしていく。

「帯作りで歴史的に有名な京都のある
地域で作られた帯です。彼女が絵を描
いて、彼がそれをデザインしたんです」

来場者も「伝統的なのにとてもモダン

で素敵」と、評判は上々だ。展示会は盛
況のうち、終了。着物の未来に、新たな
1ページを刻めただろうか。

「"着物は文化"と、博物館にしまって
おくものにしたくない。ファッションとし
て若い人に着てもらうことで、のちのち、
文化を引き継ぐことになるんです」

そう信じるシーラさん、"着物のトレン
ドハンティング"の旅が始まる。

Research of London

UNITED KINGDOM
イギリス

ロンドン

Furuki Yo-Kimono Vintage

THE ISLAND QUEEN

ブリックレーン・
ヴィンテージマーケット

イーストロンドン

ATIKA

バッキンガム宮殿

ロンドン塔

ヴィクトリア&アルバート博物館

River Thames

LONDON
ロンドン

ロンドン *London*

イングランドの首都ロンドンは伝統と最新が交錯する街。成田・羽田から直行便で約12時間30分。33の行政区はコンパクトにまとまり、地下鉄やバスや徒歩で回ることができる。世界の多様な民族と文化が集まっている。

ヴィクトリア&アルバート博物館

通称V&Aは、芸術とデザインを専門分野とする博物館。ヴィクトリア女王の夫アルバート公が1851年のロンドン万博での収益をもとに開館する。陶磁器、家具、衣装、ガラス細工、ジュエリー、写真、彫刻、テキスタイル、絵画などのコレクションがある。2020年、ヨーロッパでは初めて大規模な着物の展覧会「Kimono: Kyoto to Catwalk」が開催された。

イーストロンドン

文字通りロンドンの東の地区、テムズ川の北側に位置する。かつては治安がよくなかったが、若手のクリエイターが集まるトレンド発信地として活気がある。バンクシーらを生んだストリートアートの本拠地としても有名。

ブリックレーン・ヴィンテージマーケット

地下の広大なスペースに、イギリスだけではなくヨーロッパからもヴィンテージ古着のスペシャリストの店が40店舗以上集まる人気スポット。シーラさんはここで帽子を見つけた。

ATIKA

ロンドンで人気のヴィンテージショップ。黒羽織がクールで使い勝手がよいらしく、目立つところに展示されている。

Furuki Yo-Kimono Vintage

ロンドンを拠点とするヴィンテージ着物ディーラーの菅原園枝さんが運営する、ロンドン初のヴィンテージ着物専門店。店名を音読すると「ふるきよきもの」。大正時代から昭和初期の着物を中心に展開している。映画『ボヘミアン・ラプソディ』でフレディ・マーキュリーが着ていた長襦袢はここで扱っていたモノ。

THE ISLAND QUEEN

ヴィクトリア時代に建てられた歴史的建物の老舗パブ。

丹後

京丹後● ●与謝野町

KYOTO
京都府

京都 ●

京都・丹後

丹後は1300年の歴史を持つ絹織物の日本一の生産地としてシェア70％を誇る。「海の京都」と呼ばれる京都府北部の日本海に面した地域で、日本三景の一つ・天橋立、舟屋のある漁港町、ちりめん街道など、日本の原風景、文化、海の幸、温泉が楽しめる。住居と工房が一体となった家並みのちりめん街道は文化庁の日本遺産に認定されている。丹後の山間の街、与謝野町は自然と着物の深いつながりを感じられる里。日本でもっとも長寿とされるツバキの巨木・滝の千年椿は京都府の天然記念物にも指定されている。

ロンドンの最新 KIMONO カルチャーを
チェックする

ヴィンテージの英国流着こなし

シーラさんがまず向かったのは、イーストロンドン。ここ10年で若手のクリエイターが集まるトレンド発信地として注目されるようになったエリアだ。最近着物を置くヴィンテージショップが増えていると聞き、リサーチにやってきた。

「ロンドンの東の方はあまり何もないイメージだったんですけれど、面白そうな店、いっぱいあるね」

立ち寄ったのは、地下の広大なスペースに40を超えるヴィンテージショップが集まる人気スポット、Brick Lane Vintage Market（ブリックレーン・ヴィンテージマーケット）。立ち並ぶ店舗に分け入って行くと、情報通り着物のある一角を発見。振袖や、子供用着物が洋服と合わせてスタイリングされている中に、研究者として興味をひかれる一枚を見つけた。

身頃と襟、それぞれ布の時代が異なる長襦袢。身頃は明治時代の裏地に使われたもので、襟は大正のもの。古い布を縫い合わせて作ったものらしい。

ショップスタッフのココさんに尋ねると、「着物は本当にきれいだよね。ロンドンっ子はチャレンジをしながら、ファッションを楽しんでいる。だから、他にはない、変わったものを提供したいんだ」との答え。ここで着物を買うお客はアンテナの感度が高そうだ。

続いて向かったのは、ロンドンでも1、2を争う人気のヴィンテージショップ、ATIKA（アティカ）。なんと、入ってすぐの目立つ場所に着物コーナーが！羽織をジャケットのように試着中の男性客は「クールだと思って」と笑顔だ。

この店の売れ筋は黒い羽織。日本では、主に冠婚葬祭で使われるものだが、ロンドン流の着こなしでは、シンプルなブラックジャケットにしたり、ドレッシーなワンピースの上にカーディガン代わりにしたり、何にでもしっくり馴染む。

「黒羽織は興味深いですね。日本では日常的に着ることはないので、いいアイデアですね」とバイヤーのジョン・ハウリン

身頃は明治、襟は大正時代のもの

さんに声を掛ける。

「こうしないと、誰も着ませんからね。伝統的な着方にはこだわりません。大切なのはリサイクルやサステナビリティです。見た目も素敵ですしね」というジョンさんの言葉には、流行のヒントが。

ボロこそがファッショナブル!?

そんなロンドンの着物愛好家が一目置く店があると聞き訪ねたのは、市内に初めて誕生したアンティーク着物専門店、Furuki Yo-Kimono Vintage（フルキヨキモノヴィンテージ）。オーナー兼バイヤーは菅原園枝さん。店内には、ロンドン在住の彼女が厳選して買いつけたアンティーク着物が並ぶ。特に自由な気風と文化が花開いた大正〜昭和初期のものにこだわっている。

シーラさんが目を奪われたのは、一面に「束ね熨斗（のし）」という吉祥模様が大きく描かれた木綿の一枚。

「木綿の着物は今見直されているけれど、ほとんどがチェックか縞。こうやってひとつの柄で染め上げるのは、見たことがない。いいね、珍しい」

日本人ならではの審美眼で、ロンドンっ子に馴染むセレクトが評判を呼んでいる菅原さんのお店。今、彼女が次なるブームを予感するものがある。

「最近人気なのがボロ。若いおしゃれな男の人たちが、つぎはぎや直した跡がある部分を見て、興奮して買っていきます」

ボロとは、農家の蔵などから発掘した野良仕事用の古い半纏で、中には100年を超えるものもある。ダメージ感がウケているようだ。

「私はできるだけ、着られる状態のものを選んで持ってくるんですけれど、"This is not BORO enough"（もっとボロいのありますか?）という人もいます。その方が服の歴史を感じられるとか」

そんな逸話に、シーラさんも「着物を買うときは、布を買うだけじゃない、何かストーリーを買っている気がします」と共感する。

売れ筋なので店頭に置かれている

BOROが次のトレンド!?

小物はスパイス！ イーストロンドンで KIMONOに合う帽子を探す

帽子は色やデザイン重視で厳選

シーラさんには、このロンドン旅で探したいものがあった。それは、着物と合わせる帽子。被るだけでおしゃれになり、雰囲気を作りやすいマストアイテムだ。イギリス女性にとって帽子はフォーマルスタイルの必需品なので、バリエーションも豊か。日本では見つからないものに出会えるという。

ビビッドカラーの帽子を中心に、いくつか手に取ってはみるが、サイズや色調がフィットしない。実は帽子選びのポイントは、色だという。着物の柄にある一色を選べば、スタイルがまとまるのだ。

「悪くはないけど、この緑はあまり使わない。もっと黄色がかった緑が好き……」

なかなかお眼鏡にかなうものが見つからなかったそのとき、店内の梁の上にディスプレイされた瀟洒なライトベージュの帽子を見つける。編み方に透け感があって、つば広の華やかな雰囲気だ。

「1970年代のものです。競馬を観戦するときにドレスアップして着用します」

と店員さん。イギリス王室も出席する競馬の祭典、ロイヤルアスコットでは、観客女性は帽子を着用するというドレスコードがあるのだ。本来ドレスと合わせるが、果たして着物との相性は？

「うーん、素敵。なんとなく日本の傘に似てない？ それがちょっと面白い」

放射線状に広がるつばの編み方は、和傘の骨のよう。西洋のものでも、どこか和の要素があれば、着物にフィットしやすい。ロンドンで、運命の帽子にめぐり逢えた。

シーラ流・小物使いのテクニック

柔らかな雰囲気のこの帽子は、メンズライクな紺の着物に合わせてみると、フェミニンな要素が加わってぐんとおしゃれ度が増す。'50年代風のポップな黄色の着物も、この帽子で上品なまとまりに。帽子は魔法のアイテムだ。シーラさんのコレクションは20点にものぼる。

和洋折衷でも同じ時代のものを合わせるテクニックを使えば、スタイルがまとまりやすいという。

「たとえばクロッシェ帽（釣鐘型で頭頂部が丸い）は大正モダンみたいな形なので、大正など新しい時代の着物、銘仙とかに合わせるんです」

他にも、ピアスや靴、バッグやサングラスなどで、一枚の着物をさまざまなスタイルに変化させられるとか。

「小物の合わせ方次第でストーリーが作れます。シルバーのブーツを合わせれば、パンクで未来に行ける感じ。稲妻形のピアスを合わせればハードになるでしょう？」

100円ショップで買ったものなど、値段もまちまち。必要なのは、想像力だ。

「今日はオードリー・ヘップバーンとか、今日は地中海のイメージとか、テーマを考えて小物を合わせていくと、コーディネートがより楽しくなりますよ」

競馬観戦用の帽子でした

紺の着物は
23ページで種明かしが！

赤いクロッシェ帽にはモダンな柄を

京都・丹後地方。
伝統の技でリユースしてサステナブルに

波立つような立体感が美しいちりめん

　日本に帰国したシーラさんが、次なる旅の目的地として向かったのは、京都府の丹後地方。1300年来、絹織物の産地として知られ、丹後ちりめんはその代表格だ。"縮んだ表面"が語源とされるちりめんは、波立つような立体感が美しい絹織物。この地で300年にわたり受け継がれてきた。こうした産地を訪ねるのは、シーラさんにとってライフワークの一つだ。その発信力を買われ、"丹後ちりめんアンバサダー"に認定されている。

　まずやって来たのは、昭和6年の創業以来、丹後ちりめんの伝統を守り続ける「たゆう」の工房。三代目・田茂井勇人さんが出迎えてくれる。糸作りから織りまでを一貫して行う数少ない工房で、最高級のちりめんを見せてもらう。

　「ああ、やっぱり光り具合に高級感がありますね。肌触りもいいし、質感が素晴らしいですよね」。手に取って、うっとりするシーラさん。丹後ちりめんの特徴は「シボ」と呼ばれる細やかな凹凸。それを生み出す最も重要な技が、江戸時代から続く糸作りの技法だ。大量のスピンドルに巻かれた糸に水を当てながら、絹糸に強い「撚り」をかけ織っていく「八丁撚糸機」が工房で音を立てる。

　「このスピンドルが1分間に6,000回転くらいのスピードで回っているんです。くるくる回って、撚られているのがわかるでしょう?」と田茂井さん。スピンドルから瞬く間に巻き取られて撚り機に吸い込まれていく糸の1本を、シーラさんに触らせてくれる。糸が、こよりのようにねじれているのがわかる。

　「くねくねするんですね!」

　「その力でシボが生まれるんです」

　ただ撚った糸で織ってもシボは生まれない。ここからさらに、生糸の不純物を洗い落とす「精錬」と呼ばれる工程が施される。織り上がった生地を特殊な液体で煮ることで、撚りをかけた糸が元に戻ろうとする力が生まれる。すると、糸に凹凸が生まれ、表情豊かで立体的な生地に変化する。同じ白絹でも、シボの模様の出し方で、さまざまな表情が生まれ、陰影が出てくるのだ。

　「まったく色を使っていないのに、色が

たゆうの田茂井勇人さんと

あるようになっていくんですね。面白い!」

　しかし、この美しい生地は今、衰退の危機に直面している。昭和50年代をピークに生活様式の変化に押され、着物の需要が激減。かつては1万軒あった機屋も、今や700軒に減った。その伝統を途絶えさせないためにも、シーラさんは若い世代が着物に触れる機会を増やしたい、と決意を新たにする。

サステナブルな裂き織りスニーカー

　次に訪ねたのは、織物の工房が並ぶ「ちりめん街道」にほど近いエリアで、新しいモノづくりに挑戦する「KUSKA」。丹後伝統の織物を使って、ネクタイやスーツなど、洋ものアイテムを作っている。代表の楠泰彦さんは、ふるさとに新風を吹き込もうと、海外の展示会にも積極的に出品、ヨーロッパでも注目を浴びた。

　シーラさんが目を留めたのは、スニーカーだ。スリッポンタイプで甲の部分に織生地が使われている。

「裂き織りと言いまして、古い着物を再利用する際、裂いて織っていく手法です」

「伝統的ですよね、でもすごく新しい!」

　サステナブルなところも現代風だ。楠さんは、趣味のサーフィン用に生地を入れたサーフボードも開発。型にとらわれない自由な発想力に、刺激を受けた。

KUSKAの楠泰彦さんと

次代へ、新たな挑戦。

2020 丹後ちりめん創業300年

丹後ちりめんアンバサダーに

丹後ならではの糸作り。
こよりのようにねじれているのが特徴

裂き織りを使ったスニーカー

「不思議の国のアリス」のKIMONOに未来を見つける

「人がやっていないことをやる」心意気

丹後には、独創的なモノづくりでシーラさんが注目している人物がいる。「柴田織物」の五代目・柴田祐史さん。デザインから織りまで一人でこなす。2017年のハリウッド映画『ゴースト・イン・ザ・シェル』では、芸者型アンドロイドの帯用に電子機器の基盤をモチーフにした斬新なデザインを依頼され、相談しながら作成、提供したという。

「カッコイイね！」

胸元に当ててみて、テンションが上がるシーラさん。この帯の金属的な立体感には、丹後伝統の「縫い取り」技法が生かされている。元々フォーマルな留袖などに使われる縫い取りちりめんは、金や銀の糸で柄を織り込み、さらに高級感を高めたもの。大正時代に生まれ、一時は絶大な人気を誇ったが、今その技を継承する工房はわずか2〜3軒。柴田さんは、先代が他界した後、伝統を絶やしたくないと家業を継いだ。

「今までやったことがないことをやらないと活性化はない。さらにかつ面白いものをやらないと」

そんな心意気で挑戦したのは、一風変わったメンズ着物。錆び感のあるゴー

KIMONO界の冒険家、柴田祐史さん

縞鋼板、チェッカープレートを着物の柄に

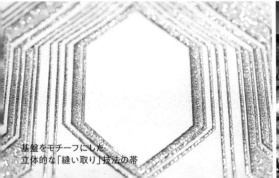

基盤をモチーフにした
立体的な「縫い取り」技法の帯

ルドに見えるが、よく見ると、工場など
の床にある、縞鋼板をデザイン化してい
る。チェーンのような羽織紐もついて、ス
チームパンクの趣だ。

「錆が表現したくて、何かいい錆ないかな〜って思っていたら、足元にこあった」
と笑う柴田さんの発想は、どこまでもユニークだ。

ラブリーなアリスKIMONOは技術の粋

柴田さんが、製作中の品をぜひシーラ
さんに見てほしいと、工房まで案内してくれた。若い世代にもファンが多いイギリスの童話「不思議の国のアリス」（ルイス・キャロル著、1865年）をモチーフにした一着で、愛知の呉服店「佐織キモノ」のオーナー、田中佐織さんから依頼を受けたという。原書のジョン・テニエルによる有名な挿絵からイメージを膨らませた。

トランプ柄や懐中時計、王冠や小瓶など、
物語に登場する特徴的なモチーフをちりばめた。

苦労したのは、テニエルの木版画らしい風合いをうまく織りに再現すること。織りの世界では、縦糸と横糸が合わさって一つの「点」を成すため、コンピューターを用いて0.1ミリ単位でドット画を描いていくという。

「かすれたような古典画のタッチで、コツコツと影をつける作業……これをやってると日が暮れちゃうんです（笑）」

「こんな素晴らしい技術で、たくさん面白い柄があったら、将来性が感じられる。ドキドキしちゃいます」

アリス柄のモダンな KIMONO、シルクハットを被って着てみたい、とシーラさんは早くも脳内コーディネート。

「柴田さんはアーティスト。技術とセンスを持ったプロ。そして冒険家ですね」

ジョン・テニエルの挿絵を織りで再現

土地に根付くKIMONO。
与謝野町の草木染を訪ねる

里の心が根付く、いにしえの草木染

　ちりめん街道のある与謝野町は、丹後半島の付け根に位置する山間の町。自然と着物の深いつながりを感じられる里だと、シーラさんは言う。

　「日本の着物は"rooted（土地に根付いた）ファッション"と私はいつも言うんですけれど、場所と関係がある。この場所でこの植物が育てられて、これを糸にして着物を染めたとか、ちゃんと場所とつながりあるのが魅力だと思うんです」

　その場所にある植物が糸になったり、染料になったりして着物になる。

　旅の最後に、着物の原点に触れたいと訪れたのは「登喜蔵」。夫婦で着物作りに取り組む佐橘登喜蔵さんは、織機も手作り。いにしえと同じ手作業だけで行っている。妻の朝子さんは糸作りを担当。繭から紡ぎ出された糸が、ぬくもりのある生地を作り上げる。登喜蔵さんに「ツバキを炊く用意がしてありますので」と裏庭に案内されると、そこには天然の木や花で染める草木染用の鍋が。この日使っていたのは、与謝野町のシンボル「滝の千年椿」。推定樹齢1000年を超え、日本最古ともいわれる巨木のヤブツバキ（椿の原種）は、京都府の天然記念物にも指定されている。

　鍋からは、甘い匂いが漂う。こうして花びらを1時間煮詰めたら、真紅のツバキからピンク色の染料が出来上がる。そこに

まっさらな生糸を漬けていく。色が一気に落ちるのを防ぐための「媒染液」に漬けると、紫っぽく変化する。

　「年によって多少違うんですよ。自然のものなので、グレーみの強いときと、赤みの強いときとあって、それもまた面白い」

　ツバキの花色とはまた異なる、優しい色合い。これを織ると、自然が生み出す濃淡が唯一無二の模様となって生きてくる。

自然から"いただく"という共生の心

　次に見せてもらったのは、カラフルな繭糸たち。すべて、歩いて行ける場所で手に入れた天然の素材で染め上げた。カーキ色は藤の若葉で、サーモンピンクはヤマザクラの蕾で染められたという。

　「自然の相手さん任せで"いただけた"色。同じ色はまず出ないです」

　登喜蔵さんの言葉に、シーラさんも感銘を受けた表情だ。

　「自然は optional extra（特別に楽しむもの）ではない。絶対共に生きていかないといけないもの。将来につないでいきたいです」

ある出会いがシーラさんのセンスを証明!?

　旅の途中、シーラさんにまさかの出会いがあった。スタイリッシュな商品の開発に勤しむ織物会社「江原産業」の四代目・江原英則さんのもとを訪ねたときのこと。

登喜蔵の佐橘登喜蔵さんと朝子さん

山間の町、与謝野町。着物は土地に根付いたファッション

江原産業の江原英則さんと

リバーシブルな織生地に見覚えが

コンピューターで紋図を描く

江原さんが、リバーシブルな織生地を出してきた。

「表と裏が違う柄で、違う色なんです」

「素敵。この間似たものを買って仕立てました。誰の工房かわからないけど」

そう言ってシーラさんがスマホを取り出し写真を見せると……。

「それは弊社のものですね！ ありがとうございます。今日はいい日だなあ」

織柄作りを担当した、この道43年の職人・山本泰典さんともご対面。かつては手作業で描いていた紋図（織物の設計図のようなもの）を、いまはコンピューターを駆使して作っているという。

「いいものを選んだなと思って。目が肥えていますでしょう？」

おちゃめに言うシーラさんに、みんなが笑顔になった。

「箪笥びらき」と「絹の道」で
KIMONO文化を伝える

消えゆく民俗文化を記録する

　着物の伝道師・シーラさんが今、取り組んでいることの一つが、民間の家々に眠る着物を掘り起こす「箪笥びらき」プロジェクト。これまでに50軒近くを調査してきた。

　民俗学者、今和次郎が'70年代に著し、昭和初期の庶民の生活にまつわるすべてを図解し記録しようと試みた『考現学入門』（今 和次郎・著／藤森照信・編）にインスパイアされた活動だ。冠婚葬祭で着た晴れ着、母から娘に受け継がれた留袖など、現代ではそれぞれが貴重な"文化資料"であるにもかかわらず、体系的に記録されることも、大々的に日の目を見ることもない。その価値を持ち主に伝えるのが狙いだ。願うのは、着物文化が続いていくこと。

　この日も、ある女性のお宅を訪問し、箪笥の中の着物を見せてもらった。お母さんの形見という帯と晴れ着もある。

　「素敵ですね、ぜひ着てください。着ないともったいない！」

　こうして採取した情報は、写真と共に英語・日本語の説明を添え、ウェブサイトにまとめている。

　「たぶん日本人にとって、着物はあるのが当たり前。だから見えていない。やっぱり、着物は特別。家族のつながり、場所とのつながり、日本の歴史……いろんなものが含まれている。毎日着なくてもいいとは思うんですけれど、選択肢の中に入れてほしい」

　ファッション業界は早い者勝ち、鵜の目鷹の目の世界。だからこうした着物は遺品整理などで仲介業者が安く買い叩き、市場に出回る頃には高く売られていることが多い。本当に着物を着たがっている若い世代には手が届かない現状を、シーラさんは打開したいと考えている。

　「着物が真にファッションになるために、

ユーザーたちの声を集めたら何かのヒントになると思うんです」

　売り手と買い手をつなぐ、目に見えない道を探す旅は続く。

絹と文化を運んだ国内シルクロード

　もうひとつ、シーラさんが最近取り組んでいるのが「絹のものがたり」プロジェクト。明治・大正時代、日本の絹は世界市場の7割を占めていた。それらは前橋で生糸が作られ、川越で織られ、横浜港に集められてから、輸出されて行った。絹を運ぶ国内の "シルクロード" は、併せて外国からの文化も運んだという。

　「絹のものがたり」では、その3都市の着物文化ゆかりの人に取材、それぞれの街を歩き、どのように絹交易の文化が栄えたか、当時の状況を記事にまとめている。

　「八王子でも着物を作っていたのですが、八王子と横浜をつなぐ道がなかったので、一度東京に運んでいたみたい。いまは横浜線がありますね、あれは元々絹の道なんです。そうした、いろんな絹の道を歩いてみたいんです」

　シーラさん、目に見える方の道にも興味津々。着物を起点に、その視野は限りなく広がっているようだ。

シーラさんの自宅本棚

KIMONOの素晴らしさを、世界に向けて発信し続けたい

双子の妹のレイチェルさんと。右がシーラさん

幼少期からおしゃれで自己表現

　ファッションに興味を持つようになったきっかけは、たぶん私が双子姉妹のひとりだったからだと思います。いつも同じ服を着せられて、同じ靴を履かされていると、みんなが私と妹の名前を間違えるんです。本当は、髪の色も目の色も、性格だって全然違うのに。だから「私はレイチェル（妹）とは違う！」と自己主張したかったのだと思います。

　私が幼少期を過ごした1960年代のイギリスはミニスカートブームで、10歳上の姉はスカートの丈でよく父とケンカしていました（笑）。私は逆にミニに反発していて、ある日ロングスカートで学校に行ったら「変なの」と笑われて、泣きながら帰ったのを覚えています。それでやっぱりまたミニを穿いて行くしかなかったのは悔しかった……。

　10代の頃は'70年代に入り、厚底靴とベルボトムが流行った時代。黄色のベルボトムジーンズを穿いて姉の家を訪ねたら、姉がドアを開けるなり「早く入って、誰かに見られちゃう」って怒るんです。家族はみんな保守的だったんですね。何がいけないの？　と、私だけは自己流のスタイルを貫いていました。

　アートの世界に入りたいと、大学は故郷ブリストルを離れ、ロンドンで絵画と彫刻を学びました。同時期に、ドラマスクールで空手の一派、新体道というのを習い始めました。何かに役立つかな、と思って。その先生がしばらく日本に行って勉強していたので、夏休みだけでも来ないかと声を掛けられたのが、初来日のきっかけ。1985年のことでした。

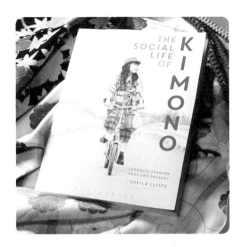

SHEILA'S HISTORY

運命の長襦袢から人生が開けました

日本語は着物の勉強から

　来日前の日本に対するイメージは、みんな民族衣装を着ているんだろうな、という感じで、着物がどういうものか何も知らなかった。飛行機を降りた時、暖房かけてる? と暑さに驚きました (笑)。

　その旅で、骨董市で赤い長襦袢を見て、ビビッときました。「これだ!」という運命の出会い。でも「これは下着だよ」と知らされ、衝撃を受けました。こんなに美しいのになぜ中に隠すの? と。そこから着物のことをもっと知りたいと、着付け学校に通い、結局帰るのはやめて日本にずっと住み着いてしまいました。もう36年です。

　日本語は、着物の勉強を通じて学習していきました。最初は、小学生よりも漢字は知らないけれど着物用語にはやたら詳しい、という感じでしたね (笑)。英語教師の資格を取って、まずはそれで生計を立てながら、着物の魅力を世界に発信する本を書きたい、と夢を抱いていました。でも着物生産者さんに取材させてくださいと言っても、どこも答えは「ノー」。出版社も着物の本はノー。そこで、この業界でエキスパートと思われないとダメだ! と考え、リーズ大学に当時あった遠隔論文提出制度を利用し、日本で博士論文を執筆することに。3人の子供 (一男二女) を育てながらで大変でしたが、2013年、52歳で博士号を取得し「着物研究家」の肩書を名乗れるようになったのです。

私にしかできない伝え方がある

　今は名誉教授となった十文字学園女子大学でも、当初英語の先生として勤めていたの

運命の赤い長襦袢

還暦のお祝いを子供たちと

ですが、着物について教えられるようになりたかった。だって、英語の先生ならほかにいくらでもいるじゃない？ 着物は、私のライフワーク。これを若い女性に伝えるためにも、やはり博士号が必要だったんです。それで15年ほど前に、ようやく同大で着物文化のコマを持つことができました。

'17年には、長年の夢だった本『The Social Life of Kimono』を上梓。ビジュアルと言葉で、私の言いたいメッセージはほぼ伝えられたと思います。でも着物の楽しさやファッション性を伝えるには、「読む」より「見る」もので伝えるのがいちばんですよね。だから、コーディネートがうまくキマった写真を撮ってSNSにアップしたり、スタイルブックを出版したりという活動も大事だと思っています。

@kobune.Photo

「Sheilaism」で道を開拓

そんな活動が重なって、世界的なV&Aから展覧会の提案があったんです。キュレーターのアナ・ジャクソンが日本で行われた日本きもの学会に来て、「大きな着物展覧会をV&Aで開くのが夢。実現したらぜひ協力を」と言われて。私は生産者さんを紹介したり、新しいことに挑戦しているブランドを紹介したり。日本で着物の展覧会というと伝統的なものばかりになりがちですが、V&Aでは新しいものや、海外文化と着物の関係にも言及できて楽しかった。

生産者さんは、V&Aがどんなにすごいところか知らない人が多くて、出品を説得するのに苦労しました。若い世代の人が前向きになってくれて、ようやくみんなコトの重大さに気づいたみたい（笑）。せっかく行くなら同時にこんなイベントをやってみては？ と提案したり、各地を奔走して人をつないだりしていたら、着物ブランドの柴崎ルミさんや平山さんたちが「Sheilaism」と表現されたそうです。東奔西走して人をつなぐ意味、らしいですよ。

着物はこんなにおしゃれ。
もっと楽しんで

たくさんの色を、私は楽しみたい

　私は家で庭仕事をする日以外、ほぼ毎日着物を着ています。日本では着物を特別な日にしか着ない人が多いですが、もっと気軽に着てほしいなと思います。

　着方にもルールがありますが、それを気にしすぎないで。季節に合わせた生地を選ぶこと、あと着崩しすぎないこと、これを守れば柄×柄だって、簡単に着こなせるのが着物のいいところなんです。日本人は洋服だって、黒、グレー、紺、ベージュ……と、無地の無難な色ばかり選んで保守的。だけど、神様がせっかくこの世にこんなにたくさん色を作ってくれたので、私は楽しみたい。

　この前、まだ帯がなかった室町時代の絵を見ていたら、腰紐が長く垂れているのを発見したんです。今では腰紐はおはしょりの下に隠すものですが、これにヒントを得て、長く垂らす腰紐を自ら開発してしまいました。そんな風に、目にするものがアイデアになって、形になっていくのは楽しいですよね。

日本の若い人たちにこそ魅力を伝えたい

　今後は、丹後などからお声も掛けていただいているように、もっとスタイリングの仕事を手がけたい。また、スタイルブックの第2弾も作っています。着物ムックの仕事もあって、まだまだやりたいことは尽きません。

　Instagramのデータを分析すると、私のフォロワーは8割が日本人。以前は外国に向けて発信していたのに、いまは日本人に着物の魅力を聞かれるんですよね（笑）。その内訳は25〜44歳ぐらいがいちばん厚い層なので、若い人は着物に興味がないわけじゃないんです。こんなにおしゃれなんだ！と気づいてもらうことで、次世代の担い手に、どんどん着こなしてもらいたい、というのが私の願いです。

腰紐を開発しました

シーラ・クリフさんへ10の質問

❶ 子供のころの夢は何でしたか?

アーティスト。風景画家の道を目指していました。ピカソが一番好き、かな。

❷ 初めての外国はいくつのとき、どこに行きましたか?

8歳のとき、家族旅行でデンマークに。夏休みに寒い国に行くのが不満だったけど、その年は結局暑くて熱中症になっちゃった。

❸ 駆け出しのころの自分に言ってあげたいことは何ですか?

夢を捨てずに追っていって! と。頑張れば、ずっと頑張れば夢がかなうよって。

❹ 自分の性格でいちばん自慢できるところは?

えー? ない!(笑) おしゃべり好きなところ? 熱中できるところ?……かもしれない。

❺ 夜眠れなくなるような不安や悩みはある?

すごくある! 取材日や、旅に出る前の晩は眠れない。頭のスイッチが切れずに、ずっと考えちゃって3時間ぐらいしか眠れないんです。成功させたいって思いが強いからでしょうか。

❻ 仕事をする上で大切にしていることは何?

どんなお仕事もひとつずつ、きちんとやること。やる限りは力を入れて、100%ベストを尽くすこと。

❼ リフレッシュするには何をしますか?

子供たちと食事したり、わーっといろいろしゃべったりする。あと、一日必ず1万歩は歩く。何も考えずぼーっと歩くのがいいですね。

❽ 旅に必ず持っていくものは何ですか?

コーヒーの粉。ホテルにフリーのお茶はあるけど、コーヒーはないから。英国人だけど、紅茶ではなくコーヒー派なんです。特にブランドは問いません。

❾ 世の中にもっとあってほしいモノは? 減ってほしいモノは?

プラスチックがあふれすぎているから、その代わりに自然のもの、最後は自然に還るものがもっとあってほしい。

❿ 明日やりたいことは何?

着物の展示会を見に行きます! 文化学園服飾博物館で時代祭りの展示会があるので、ちょっと早めに行って記事を書こうと思って。楽しみ!

シーラ・クリフ *Sheila Cliffe*

1961年イギリス生まれ。着物研究家。ロンドン大学(美術・ドラマ専攻)卒、リーズ大学大学院博士課程修了。'85年に来日し、テンプル大学日本校で英語教育の資格を取得。現在は十文字学園女子大学名誉教授。大学で英語と着物文化を教える傍ら、国内外で着物展覧会やファッションショーの企画・プロデュースなど多彩な活動を展開。2002年には、「きもの文化普及賞」を受賞。著書に『日本のことを英語で話そう』(中経出版)、『Sheila Kimono Style』(かもめの本棚)、『The Social Life of Kimono』(Bloomsbury)があり、最新刊は『Sheila Kimono Style Plus』。

写真協力:Todd Fong, Sheila Cliffe　　photo:関めぐみ　　text:magbug

坂野高広さんと行く
ベトナム幻の陶器を探す旅

坂野高広さんはイタリアのダンスミュージックレーベル、IRMA recordsの日本代表、音楽業界の人だ。2017年、旅で訪れたベトナムで活気ある街のエネルギーに驚き、素朴で東西の文化が入り混じったヴィンテージのソンベ焼きに心を奪われる。東京とホーチミンに出店した矢先のパンデミック。しかし、ベトナムには店長のハオさんがいる。リモートで板野さんの買いつけは続く。

レトロに新たな価値を見出して
文化をつないでいく

平均年齢31歳の若い国

　異国の文化を取り入れ、独自のモノ作りを発展させてきたベトナム。平均年齢が31歳という若い国でもあり、その若者たちの間でレトロなものが大ブーム。見た目は古いビルだが、中はきれいに改装され、人気のカフェやバーにリノベーション。昔のものから新たな価値を生み出すのがベトナムのトレンドだという。

　訪れたのは、ベトナム最大の都市、ホーチミン。流行に敏感なこの街でとくにおしゃれなショップが集まるホーチミン2区（現トゥドゥック市）。その一角に若者から注目を集めるベトナム陶器の店がある。

日常使いの中に物語がある

「Sông Bé（ソンベ）ストアへようこそ！」
　出迎えてくれたのは、グエン・ティ・ビック・ハオさん。まだ20代半ばのハオさんは、この店の店長を任され、自ら買いつけも担当している。美大で陶器と美術史を学んで興味を持つようになったのが、1950年代から'70年代までベトナム南部で作られていたソンベ焼きのヴィンテージ品。どこか懐かしさを感じさせる優しいクリーム色に、独特な風合いの絵付けが人気の秘密だ。元々はベトナムに移り住んだ中国人が作った陶器。

「このお皿はストーリーがあって好きなんです。とても珍しいんですよ。水牛、男性、女性、そして七夕の文字。これは織姫と彦星なんです」。中国の七夕伝説をモチーフにした一枚だ。

「ベトナム料理はスープや汁気のあるものが多い。だから、こんなふうにソンベ焼きにも深さがあるお皿があるんです」

　ソンベ焼きは長い間、屋台や家庭で日常的に使われてきたため、種類も多く、使い勝手もいい。また、オーバル型の深皿や縁にデザインが施されたものなど、西洋の食器を思わせる異国の影響が垣間見られる。中国人が伝えた陶器にベトナムの日常の使い勝手が加わり、さらにフランス領だったころの文化が残る、まさにベトナムの歴史が詰まった逸品だ。しかし、安価なプラスチック製品の台頭により、窯元は減少。ヴィンテージのソンベ焼きは市場に出回らず、希少な存在となっている。

　常にアンテナを張り巡らせているハオさん。ソンベ焼きの情報があれば、すぐに足を運ぶ。以前は、このソンベストアのオーナーと一緒に月に一度は窯元やコレクターを回っていた。新型コロナウイルスのパンデミック以降は、ロックダウンで何度かお店を閉めることもあり、顔見知りのお客さんも一気に減った。このままではソンベストアも、ハオさんの生活も、ソンベ焼き自体も停滞してしまう。

七夕の文字と織姫と彦星が描かれている

「ソンベストアへようこそ」店長のハオさん

淡いクリーム色の釉薬が料理を引き立てる

「ベトナムのお店は厳しい状況です。一方、日本では家での時間が見直されて、暮らしを豊かにする器が注目されてヴィンテージソンベの需要は広がっています。買いつけを続けていれば、ベトナムのお店とハオさんの生活も回すこ

とができる。ソンベ焼きも残していくことができる。今までの信頼関係があるから、リモートでもやっていける」

　そう話す人こそ、ソンベストアのオーナー坂野高広さんだ。

ベトナム *Socialist Republic of Viet Nam*

南北1,650キロに及ぶ縦長の国土のベトナム。北部の首都ハノイ、南部のホーチミン、ダナン、ホイアン、フエなどのリゾート地が点在している。第一次インドシナ戦争を経てフランス植民地体制が崩壊、ベトナム民主共和国（北ベトナム）とベトナム共和国（南ベトナム）に分裂、1976年に統一国家としてベトナム社会主義共和国が成立した。

ハノイ

北部ベトナムにある首都、ハノイ。1000年の歴史を誇り、昔ながらの旧市街やホアンキエム湖周辺が観光の中心。山岳地帯に住む少数民族の手仕事品も豊富に揃う。世界遺産のハノイ城&タンロン遺跡、竜が舞い降りたという伝説の地、世界遺産のハロン湾へも足をのばすことができる。コンカフェの発祥の地でもある。

バッチャン

ハノイから14キロ、車で約30分ほどのホン川の近くにあるバッチャン村。ベトナムを代表する陶器の生産地として有名で、ツアーや工場見学がある。

ホイアン

16世紀ころから海上交通で栄えた街で、ランタンリゾート地。ダナン国際空港からは車で約45分。日本、中国、フランスなど、各国の様式を折衷した街並みは世界遺産にもなっている。金属の釉薬使いがポイントのリーチングアウトの拠点。

ビンズオン省

ソンベ焼きはベトナム南東部、ビンズオン省（旧ソンベ省）で作られていて、現在も窯元が残る。ホーチミン市から30キロ圏内のため、外資誘致がさかんで、日本企業の工業団地もある。

ビエンホア

ベトナム南部のドンナイ省の省都。ホーチミン市のベッドタウンとして発展している。フランス人の夫妻が美術工芸学校の教授として招かれ、ビエンホア職人たちと作り上げたのがビエンホア焼き。カラフルな釉薬技術と模様が特徴。世界中に多くのコレクターがいる。

ホーチミン

フランス領時代の面影を残し、「東洋のパリ」とも呼ばれる南部の都市、ホーチミン。高層ビルが立ち並ぶベトナム最大の商業都市。ソンベストアはサイゴン川の対岸にある高級住宅街、旧ホーチミン2区にある。雑貨店、レストラン、市場、コロニアル建築などが楽しめる。

ヴィンテージソンベをリモートで買いつける

2,000点のコレクションからリモートで

この日、ハオさんは古い陶器を集めるコレクターの倉庫にやってきた。所狭しと置かれた2,000点以上のコレクションの中から、ヴィンテージのソンベ焼きを探す。
「花が描いてあるのを見せてもらえますか」
「ニワトリも描いてあるのよ」
「あー、これは釉薬が取れてますね」
柄や皿の形、色、保存状態を見極めながらの、まさに宝探し。ハオさんが気になるものを見つけた。
「この花はとっても素敵ですね」
昔からお茶文化が根付くベトナム。生活に欠かせない、ティーポットを探しあてた。
「大きいのはあるけれど、このサイズはなかなかないのよ」
「小さいのは珍しいのですか」
「このサイズは滅多に出回らないからね」
なかなかお目にかかれない逸品のようだ。すると、
「ハーイ！ ハオちゃん、元気?」
iPad の中から呼びかけるのは東京にいる坂野高広さんだ。

「元気ですよ。ソンベ焼きによくある花です。色も状態もいいですよ」
「そうだね。初めて見るポットだね」

街が持つパワーとモノ作りにグッときて

坂野さんは2017年、旅で訪れたベトナムで、活気ある街のエネルギーに驚く。とくに、ベトナム戦争集結後の、'80年代ベトナム北部の文化をコンセプトにしたCông Cà phê（コンカフェ）に魅了され、2週間後にはオーナーに会いに行った。
「街が持つパワーだったり、今まで想像したことがないモノ作りの美しさ。ベトナムという背景が持つ世界観が、グッと心の中に入ってきて、イメージが覆ったんです」
そもそも、坂野さんはイタリアに本社を置くダンスミュージックレーベル、IRMA records（イルマレコーズ）の日本代表。音楽業界の人だ。そんな坂野さんを突き動かしたのがソンベ焼きだった。その素朴な美しさに一気に魅了された。
「ぼくは10代のころからずっとストリートから作られたカルチャーに興味を持って

小ぶりのティーポットは珍しいという

コンカフェ

かかわってきましたけど、生活に根ざした自国のカルチャーで何か新しいことを世界に発信していこうとするベトナムの若い子たちに共通するものを感じたんですね」

モダンアジアの雑貨店・333をオープン

2018年、東京都内にモダンなベトナム雑貨を中心とした店、「333（バーバーバー）」をオープンする。2019年7月には、ベトナムのローカルスイーツ、チェーが楽しめる「Chè 333（チェー・バーバーバー）」を333に併設し、2019年10月にはホーチミン2区（当時）に、ヴィンテージソンベ焼きを中心に扱うソンベストアをオープンさせた。その矢先のパンデミックだったのだ。

当初、坂野さんは、毎月ベトナムを北から南へ歩きめぐり、手探りでヴィンテージソンベを探していた。もともと日常で使われていたこともあり、骨董品屋でほとんどあつかわれておらず、情報も少なかった。「買いつけは限られた期間にバランスよくやらなきゃいけないのに、見つかる保証もない中、ヴィンテージソンベが眠っていそうな地元の古い骨董品屋や日用品屋に行き、いろいろと掘り出しながら探して回るのは大変でした。見つかっても状態がいいとは限らない。でも、そのおかげでハオちゃんに出会えたんです

けどね」

坂野さんの知り合いが営むホーチミンのアンティークショップの一角に、ソンベ焼きがひっそりと置かれて、そのソンベ焼きを買いつけていたのがハオさんだった。二人はソンベ焼きへの想いや夢を語り合い、ついにソンベストアをオープンすることになる。今ではハオさんは、坂野さんの右腕として陶器の買いつけをこなし、ホーチミンの店を切り盛りしている。コロナ禍でも陶器の買いつけを続けられているのは、ハオさんの存在が大きい。

「坂野さんはとてもチャーミングでフレンドリー。ベトナムの工芸品について本当に熱心でよく理解している。ここにいるベトナム人よりも詳しいかも」

ハオさんと坂野さんの信頼関係は固い。
「左にある皿を見せてくれる？」
「チョウのお皿ですか？」
「チョウが花に止まっているんだ。いいね」

画面越しとはいえ、新しいヴィンテージソンベとの出会いに坂野さんの表情が和らぐ。買いつけは上々のようだ。付き合いのあるベトナムの職人さんたちとも、坂野さんはリモートでやりとりを続けている。彼らの仕事が減っているこの時期だからこそ、多少のリスクは覚悟の上で、新たなサンプルのオーダーもする。彼らの生活を支えることは、ベトナムの伝統的な手仕事を支えることでもあるからだ。

昔ソンベ焼きの窯元だったソントウさんを訪ねて買いつけに来たハオさん

花にチョウがとまっているスタンプ柄

Mission 2

若き作家と"レアグルーヴ"な
ソンベ焼きを復活させる！

伝統的なソンベ焼きを復活させたい

　ソンベ焼き発祥の地、ビンズオン省では、今も陶器が作られている。しかし、薪を使う昔ながらの窯は年々減少し、電気やガスを使った窯がほとんどだ。現在作られている器は、「ニューソンベ」と呼ばれ、ヴィンテージ品とはまったく違ったデザインが主流だ。

　坂野さんとハオさんには、大切にしてきたことがある。それは、伝統的なスタイルのソンベ焼きを守り、伝えていくこと。
「久しぶりだね。元気？」
「はい、元気です」
　ビンズオン省の工房で働く絵付け師のフィ・スアン・フィンさん。まだ20代前半の、とってもシャイな青年だ。
　フィンさんは若手の職人ながらも、伝統の絵付けができるとベトナムのメディア

で注目されている。そんなフィンさんが、ソンベストアを訪ねてきてくれたのだ。古き良き時代のソンベ焼きを復活させることを考えている坂野さんにとって、フィンさんも力強い味方だ。
「ぼくらのために作ってくれる焼き物がすごく楽しみなんだよ」

ベトナムの伝統を残したい

「できました！　この花はカメリアです」
「ビューティフル！」
　華やかなツバキ。まるで明るい南部の人柄を表すよう。伝統的なモチーフだ。家族の食卓を彩っていたフィンさんの思い出の模様でもある。
「ぼくはベトナム南部で育ったので、幼いころは母の手料理はソンベ焼きに盛られているのが当たり前でした。懐かしい思い

「ソンベ焼きはぼくの誇り」とフィンさん

ブラシストロークで回転台を使わず縁を仕上げる

ツバキは伝統的なモチーフ

出が詰まった器を作って、ベトナムの伝統を残したかった。だから、このソンベ焼きを復活させたいんです」

フィンさんは温かな色合いを再現させるため、昔から続く工房を訪ね歩き、情報をかき集めた。釉薬も50年前に近いものを探し出した。絵付けはすべて独学。試みと失敗を重ねながら、やっと一つのモチーフを完成させた。回転台を使わずに描く伝統のスタイルも、4本の筆を束ね、はけのように模様を描く技法も、フィンさんの努力の賜物だ。

「この20代前半の子たちが、自分たちの国の持っている伝統的なカルチャーを学んで、それを伝えていこうとしていく姿勢はやっぱり面白い。英語も学んで世界でビジネスをしていこうとしている。だから、ぼくもベトナムの伝統を日本に伝えるだけじゃなく、そういったベトナムの若者をビジネスとして支えていくことも、333、ソンベストアとしてやるべきことなのかな、と思っています」と坂野さん。

器を窯焼きする前に欠かせないこと。それは窯の神様へのお祈り。よく火が通り、きれいに焼き上がるようにとフィンさんは手を合わせる。

「ソンベ焼きを世界に広めて、ベトナムの文化をより多くの人に知ってもらいたいんです。ソンベ焼きはぼくの誇りですから」

フィンさんの目は真っ直ぐ未来に向かっている。

「レコードコレクターの中で、作られた当時はちゃんと評価されず、後に現代の感覚を持って聞かれたときに再評価される音楽をレアグルーヴというんですが、ヴィンテージソンベはまさにレアグルーヴ。それまで器には興味を持ってなかった自分がこんなにハマるんだから、絶対に日本でもファンがつくはずだ、そう思いました」

坂野さんの予想通り、ヴィンテージソンベはおしゃれなアジアの器として日本での認知度を上げている。坂野さんのベトナム雑貨ビジネスはこれからだ。

坂野さん＆ハオさんによる
ヴィンテージソンベ解説

使う人の幸せを願う絵が描かれている

「種類の多さもヴィンテージソンベの魅力。かなりの数のヴィンテージソンベを見てきましたけど、こんなの初めて、という器に出会うことはいまだにあって、買いつけはいつも楽しみです。当時の職人さんたちはみんな、モノ作りが大好きだったんでしょうね。生活を支える器に工夫や遊びがあるのはすごく素敵ですよね」と坂野さん。

器を飾る絵柄や模様はそれだけで十分魅力的だが、それぞれが持つ意味合いにも注目したい。ニワトリは"不運を払う"、魚は"子孫繁栄"、チョウは"長寿"、金魚は"商売繁盛"や"幸せ"。しかも組み合わせによって意味は広がる。たとえば「金魚」の横に「水草」が描かれていると「幸せになりますように」というメッセージになる。チョウと花は"夫婦の幸せ"。花の咲いた枝に鳥が止まった模様は新婚さん用。ソンベ焼きの絵付けには使う人の幸せを願う思いがこめられている。

「職人さんたちが、手で木製スタンプを押すんです。押し方によってのムラがある。一枚一枚上がりが違う。職人のそのときの癖だったり、いい意味でのラフさがお皿に表れているし、探せば探すほど、いろんな表情を見せてくれる」

一つ一つ、みんな違う美しさがある。細かくて繊細なのに、隙があって大胆。それもソンベ焼きの魅力だ。

美しいブルーのブラシストロークと、縁に沿って描かれたブルーのラインが印象的なヴィンテージソンベのプレート（坂野）

記念の数字がプリントされていることも多いですね（坂野）

オレンジ色のツバキが本当に素敵です。スタンプがちょっとずつズレているのかわいい（ハオ）

ソンベ焼き金継ぎワークショップを行いました。「割れてしまったソンベ焼きを新たに美しく再生させる」がテーマ（坂野）

緻密な花の絵は、この絵を描いた人がアーティストだということを物語っています。これを見つけたとき、驚きと喜びでいっぱいになりました（ハオ）

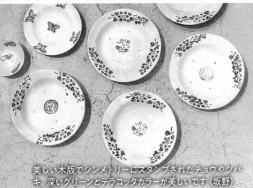

美しい木版でシンメトリーにスタンプされたチョウやツバキ。深いグリーンとテラコッタカラーが美しいです（坂野）

花の枝に鳥は、なぜか新婚さんの枕カバーの絵柄になることが多いです（ハオ）

モノトーンのツバキのヴィンテージソンベ。縁飾りもあって、西洋の影響が垣間見られます（坂野）

ターコイズブルーのオーバル型のお皿。インスタにあげると反響がすごかった。右はボウル。ターコイズは人気のある色ですね（ハオ）

一輪挿しのヴィンテージソンベ。「花」on「花」になりますが、とてもいい感じです（坂野）

ニワトリは悪運を追い払うとされているので、よく登場する絵柄。このボウルはソンベ以前のラティウ焼き（ハオ）

エキゾチックなビエンホア、
繊細なオールドバッチャンを探す

左がビエンホア全盛期の花瓶

1930〜50年あたりのヴィンテージビエンホア。
幸運を招く貯金箱の置物

1950〜79年に作られたビエンホア。フランスのアート性と
ベトナムの技術と、さらに中国のミックスがエキゾチック

華やかでモダンなビエンホア

　ヴィンテージソンベのほかに坂野さんが精力的に買いつけているのは、ビエンホアとオールドバッチャンという陶器。

　リモート買いつけ中のハオさんに坂野さんが声をかける。

「ほかにいいものはあった?」

「ビエンホアを見つけました。お見せしますね」

　なかなか出会えないというビエンホア焼きの全盛期1925〜50年のものだ。

「ビューティフル!」

　ビエンホアはフランス領だった1923年にビエンホア村の美術工芸学校の教授に着任したフランス人夫妻と当時の職人たちが作り出した陶器。はじめから主に輸出用に作られ、当時からヨーロッパで人気を博していた。

「夫妻の芸術性の高いデザインと職人の繊細な手仕事が融合して仕上げられた華やかかつモダンな模様と色合いには、ほかに類を見ない美しさがあります」

　しかし1940年代、フランスの統治の終わりとともに夫妻は帰国してしまう。残された職人たちだけで作っていた時期もあったが、徐々に中国色が強くなり、魅力は失われてしまう。全盛期は1925年から1950年までで、ヨーロッパを中心に世界中のコレクターが目を光らせている。名品にはそうそうお目にかかれないのだ。

オールドバッチャン。ブルーの繊細な絵柄が人気

ひさぎとトンボが描かれたオールドバッチャンのボウルと皿

バッチャンを現代風にアレンジしたリーチングアウト

ベトナム王朝の流れを汲むヒエンヴァン

幻の陶器

日本人に人気のバッチャン焼き

　バッチャンは15世紀にベトナム北部の
バッチャン村で始まり、現在も伝統的な
技術を守り続けて作られている陶器だ。
青い釉薬と手描きの模様が特徴で、現地
を訪れる日本人観光客がお土産に買い求
めることも多い。ただし坂野さんが注目し
ているのは、20〜30年前に作られ、今で
はもう作られない形状と絵付けが美しい
オールドバッチャンだ。素朴な佇まいに坂
野さんは魅力を感じている。

伝統を今に蘇らせたヒエンヴァン

　伝統を今に受け継ぐベトナムの若いブラ
ンドの器も、東京の333には置かれている。
一つは街全体が世界遺産である古都・ホ
イアンに拠点を構えるリーチングアウト。
伝統的なバッチャンをオリジナルなデザ
インでモダンに展開しているブランドだ。

　「運営しているのはベトナム戦争などの影
響で障害を抱えた人たちの職業支援を行
なう団体で、作業の一部は障害を抱えた人
たちが担っている。モダンさをアップさせて
いる真鍮のパーツもその一つ」と坂野さん。

　見た目のよさに仕事ぶりの丁寧さ、手作
りならではの温かみも重なって人気も高い。

　もう一つ、ヒエンヴァンは11世紀のベト
ナム王朝時代の流れを汲む陶器。当時の陶
器に魅了された作家が、独自に技法を習得
し、2004年に開いた窯で現代に蘇らせた。
「礼拝堂や寺院からインスピレーション
を受けた花と葉、空と雲などが器の表面
に浮き彫りにされているんですが、丁寧な
手仕事でとてもきれいなんですよ。1,000
年前の人たちはこんな器を使っていたんで
すね。伝統的なのに、とてもモダンです」

　時代を超え、未来へと受け継がれる美
しき手仕事。ベトナムの歴史がつないでき
た究極の逸品。守りたいと願う人たちが
いる限り、その伝統の火は消えない。

山岳地帯に暮らす少数民族の手仕事を
背景と一緒に紹介する

繊細な刺繡とろうけつ染めで作られた
ベトナム・モン族のスカート

タイ・チェンマイで

タイ北部のニッケルのバレッタ

タイ北部のモン族のヴィンテージテキ
スタイルで作ったポシェット

モン族のヴィンテージサンダル

手仕事の丁寧さと背景がポイント

　もともと333のコンセプトの中には「district（地域・区域）」というものがある。インドシナ半島の北部、タイ、ミャンマー、ベトナムの北部は、山々が連なっている地域だ。坂野さんはそのあたりにも足をのばす。山岳地方に暮らす彼らは、それぞれに伝統的な民族衣装を身につけ、生活の中で代々伝わってきた手仕事を守り続けている。買いつけのポイントは"手仕事の美しさとなぜそれが作られているのかという背景"だ。

「ベトナムではないのですが、タイ北部のおばあちゃんが一個一個手作りしているニッケルのバレッタを見つけたときは、そのかわいさにびっくりしました」

　その手仕事をどう紹介していくのかは、課題でもある。

「そのまま並べるのではなくその手仕事の魅力や可能性をお客さまに十二分に伝えられるような工夫を、インスタグラムやお店のディスプレイではしています。デザインの仕事もしている、ぼくのこだわりでもあるし、それが作った人への礼儀でもある気がします」

ベトナムスイーツ・カフェ
「Chè 333」を始める

テイクアウトしやすいチェーとバインミー

「食にかかわるベトナムの器をあつかっているのだから、食をとおしてモダンなベトナムのカルチャーを伝えたい、と思ったのがきっかけでした。肩肘張らずにベトナムの食文化を知ってもらうには、ベトナムの伝統的なスイーツのチェーがいいんじゃないか、と。店内で手軽に提供できるし、テイクアウトもしやすいですからね」

以前からの知り合いだった専門家に、ベトナムの伝統を踏まえつつ日本人に合うオリジナルのメニューの開発を依頼。

2019年7月、333の一角に Chè 333 をオープンさせた。以来、チェーの専門店として多くのメディアに取り上げられている。

カジュアルに楽しんで

甘く煮た豆類とタピオカや寒天、さらに果物など複数の具材を合わせて食べるチェーは、冬はぜんざいのように体を温め、夏はかき氷のようにクールダウンしてくれる。暑い夏の午後、ご近所の妙齢のマダムが「かき氷ある?」と訪ねてくることも。

「SNSの写真を見たというベトナムにまだ行ったことのない若い方から、何度か行ったことのある方までお客さまはいろいろです。カジュアルに楽しんでもらえているのが、嬉しいです」

ストリートカルチャーがスタートでした

ヒップホップから掘り進んで

大阪生まれの大阪育ちです。サッカーが好きで、高校までサッカークラブに入ってましたけど、興味が大人志向になる中学のころからは、マイケル・ジャクソンやイギリスのロックやパンクとかいろいろ聴いてました。中でも「めちゃくちゃいいやん！」と自分の中で盛り上がったのが、当時、まだ創成期だった日本のヒップホップ。それで、日本のヒップホップが影響を受けた音楽ってなんだろうって辿っていくと、もちろんアメリカのヒップホップだったり、そのヒップホップは1970年代を中心としたソウル、ジャズをサンプリングしてたり、またそこからハウスやテクノミュージックへとググググーッと

のめり込んでいきました。同時に、リンクしていたファッションやカルチャー、ジャケットのイラストは誰で、彼らが着ていたかっこいいTシャツのグラフィックはこんなストーリーがあったのかとか。どんどんハマっていきましたね。

何が魅力だったのか？　どこでも鳴ってる音楽じゃないから自分から探しに行かないと聴けないところとか、言葉とか関係なしに音楽で自分が突き動かされる気持ちよさとか、ミュージシャンの見た目とか言動とか、すべてがクールに映ったんでしょう。ファッションやカルチャーも含めてどんどん好きになっていきましたね。

で、高校時代、アルバイトをしていた洋服屋の音楽好きの仲間たちと遊んでいる

うちに、自分の中心にあるのはストリートミュージックで、ストリートカルチャーなんだと気がついたんです。今から思うと、そこが今の仕事の原点でしたね。

NYのストリートカルチャーに憧れて

大学はNYのSchool of Visual Arts。'91年にカメラマンのスティーブン・ガンとヘアメイクのジェームズ・カリアドス、モデルのセシリア・ディーンが共同で創刊した「VISIONAIRE」ってNY発の雑誌があって、毎回、アーティストやブランドとコラボした斬新なアートブックで、それがすごく面白くて。またヒップホップやハウスミュージック、Supremeを中心としたストリートブランドも立ち上がったばっかりというのもあり、NYのストリートカルチャーに触れたい一心でNYの学校に行きました。大学では写真をメインに勉強していたんですが、それまで雑誌やレコードでしか知らなかった音楽に現地で触れ、毎日が刺激的でした。しかもぼくの音楽好きを知った大学の教授が、ある日、イルマレコーズ（1989年にイタリアのボローニャで設立）のNYオフィスの社長を紹介してくれて、みんなで一緒に遊ぼうよ、ということになり。DJをして遊んでいるうちに、ぼくは音楽の世界でやっていこう！と決めていましたね。

インターンシップからNYオフィス勤務に

インターンシップを経て卒業後にイルマレコーズのNYオフィスに就職。1999年あたりですね。自分でも何枚かレコードを出しているんですけれど、自身が音楽を作るというよりはプロデュース側が向いてるなと。インデペンデントの小さなレコード会社だから、全員がいろんなことをしないといけない。アーティストの発掘から、ディレクション、ジャケットのデザイン、プロモーションまで、レコード制作と販売にかかわ

るすべてを自分たちでするのは当たり前でした。社員全員がDJ、みたいな。また日本はDJ、レコードブームもあり渋谷の宇田川町界隈は"レコードの聖地"で、マーケットもかなり大きかった。唯一の日本人スタッフだったぼくは、日本のアーティストの発掘や日本のレコードショップとの商談もしていました。楽しかったですね。

日本に帰って世界にシェアしろ！

日本には2003年に帰ってきました。2001年9月のアメリカ同時多発テロ、2001年iPodの発売、2003年iTunes Music Storeがオープンしたことでアメリカの音楽業界が大きく変わったんですね。イルマレコーズのNYオフィス的にもテレビドラマ「SEX AND THE CITY」の音楽プロデュースが終わって。でも、日本のマーケットはまだ拡大を続けていたから「このタイミングで日本にオフィスを構えるのもいいんじゃないか」という話になったんです。トラックの運転手からイタリアのインデペンデントレーベルのトップに昇り詰めた超たたき上げのイルマレコーズの社長が「音楽は権利ビジネス。これまでうちで学んだことを生かして、イルマレコーズの日本での権利管理はみんな任せるから、日本でたくさん売れる曲を作って、俺らにシェアしろ！」と背中を押してくれました。渡米して10年近かったので、日本で新たにチャレンジできるのが楽しみでした。でも、お金がないから、自宅をオフィスにして。

そろそろ帰国して20年近いですけど、日本だからこそ発信できるダンスミュージックを模索しながら音楽プロデュースだけをしていたあのころに比べると、仕事の幅はずいぶん広がりました。現在はコスメブランドやファッションブランドの空間やグラフィックデザインの仕事の比重が大きくなり、そしてまさかアジアの雑貨をあつかうことになるとは……。自分でも驚いています（笑）。

ダンスミュージックからベトナム雑貨の店へ

ソンベ焼きはまさにレアグルーヴ

アジアのリゾートには、ちょいちょい、遊びには行っていたんです。初めてベトナムに行ったのは2017年、つい最近のことなんです。バイクがたくさん走っていて横断歩道も渡れない。だけどみんな陽気で、ちょっと入った路地や店に懐かしいけれどモダンなものがあって、すごく面白いなと。そして、かっこいい若者がいた。ハノイを中心に展開されているコンカフェが、メチャメチャかっこよかったんですね。それがガツーンと入ってきて、「あ、何かやってみたいな」と。それで2週間後にまたベトナムにコンカフェの社長に会いに行きました。30歳くらいの人で、世界と仕事をするために英語も独学でしゃべれて、パワーがありましたね。そのときにソンベ焼きに出会うんです。ちょっとおしゃれなレストランで、「これはなんですか?」って聞いたら、「ベトナムの日常的に使われていた皿だ」って。

それがヴィンテージソンベでした。「見つけた!」って思いました。

ソンベ焼きには生活を支えるものの美しさ、絵柄の面白さ、そして、背景にある物語にグーッときたんです。しかも、窯元がどんどんなくなってきているという。作られた当時は評価されず、後に再評価された音楽のことをレアグルーヴって言うんですけれど、ソンベ焼きはまさしくレアグルーヴだと思いました。

もともと日常で使用されていた器ということもあり、ベトナムでも骨董品屋には売っていない。デザインや音楽の仕事をこなしながら毎月一回ベトナムに行って、手探りしながら買いつけしては帰る。すごくタフでしたね。ところが、ベトナムでもやり手の知り合いが営んでいたホーチミンのアンティークショップの片隅にソンベ焼きを並べているところがあって、そこで接客してくれたのがハオちゃんでした。ハオちゃんはヴィンテージのソンベ焼きが好きで集めて

売っていると。「定期的に買うから一緒に集めよう！」って即お願いしました。それからハオちゃんと一緒にトラックに乗って買いつけに行って、ハオちゃんの彼氏とパッキングしてぼくが空港に持っていくみたいなことが始まりました。

ぜったいに伝えられるし、ファンがつく

　西洋のカルチャーにしか触れてこなかった、お皿といえばレコードしか買っていなかったぼくがこんなにハマるんだから、ぜったいに伝えられるし、ぜったいに日本でファンがつくと思いましたね。今、女性の方から男性の方から、若い方からご年配の方まで、幅広い層の方に買っていただけていることはとても嬉しいですね。

　東京の学芸大学に333をオープンしたのは2018年の6月です。お店のコンセプトは"district（地域・区域）"。ベトナムにこだわらず、タイやミャンマーなどアジアの各地域のモダンなストーリーやカルチャーを伝えていければと。名前はいろいろ考えました。かっこいいだけの名前にはしたくない、そしてかわいく発音できて、語呂ですぐに覚えられ、忘れられないような名前はないか。333と書いてバーバーバーと読むと知ったときには、3が並んだときの見た目の印象と発音のかわいさにすぐにピンときました。しかも数字を全部足した9という数字には、ベトナムで"幸運"や"永遠"の意味があると知って、ぴったりだな、と。ベトナムには333というビールがあるので、ベトナムの職人さんに自分を覚えていただくときにも、この名前はすごく役に立っています。最近は本国の333ビールとコラボした商品を作らせていただきました。

TAKAHIRO'S HISTORY

いつも心に
"THE GREATEST LOVE" を

クリエイティブにつながる働き方ができた

　状況を考えると、ぼくがベトナムにまた行けるようになるのはまだ先のことでしょうね。でも、このような状況の中だからこそ、新しいアイデアとかクリエイティブにつながる働き方や仕事ができたとも考えています。また大変な状況を分かち合いながらやりとりすることで、ハオちゃんや職人さんたちとのつながりも以前より深くなったと思っています。

　でもやっぱり、向こうに行って品物を見つけることってすごく大切です。行かないと見つけられない手仕事も多いし、言葉の通じない中、身振り手振りで交渉しながら汗をかくのもすごく楽しい。そのやりとりの中でいろんなものが蓄積されてぼくの中

で思いが深まれば、それがお店のスタッフに伝わっていくわけですからね。だから、やっぱり早く自由に行き来できるようになるといいなと思います。それは世界のみんなにとっていいことですから。

ハッピーをシェアすることは何より大切

　333の柱には"THE GREATEST LOVE"というベトナム語が刻まれています。1960〜70年代にベトナムのサイゴンで活躍したCBCバンドという兄妹バンドの曲のタイトルで、"戦争なんかやってるんじゃないよ、愛だよ、愛なんだよ！"と歌うその曲を初めて聴いた時に、「なんてかっこいいんだ！これを自分たちのコンセプトにしたい！」と思ったんです。すべてにおいて、自分たちのやっていることでみんなが幸せになるというのが、ぼくにとっての絶対条件です。一人でヴィンテージソンベを探すよりハオちゃんと一緒に探せる方が楽しいし、生まれも育ちも違う人間同士が"これ、いいよね、みんなに伝えよう"と一緒に気持ちが動く関係が、何より大切だと思っています。

坂野高広さんへ10の質問

❶ 子供のころの夢は何でしたか?
サッカー選手、漫画家とかだったような。

❷ 初めての外国はいくつのとき、どこに行きましたか?
バイトで貯めたお金で、高3の夏休みに友達とロンドンに1週間くらい。向こうに住んでた友達のお姉さんがぼくらをいろんなDJイベントやショップに連れて行ってくれてサイコーでした。

❸ 駆け出しのころの自分に言ってあげたいことは何ですか?
相手に配慮しながらやるべきことを真剣にやっていればなんとかなるよ、ということ。あとは、ひらめきや直感にはかならず理由があるよ、とか。

❹ 自分の性格でいちばん自慢できるところは?
最終的に、あとは頑張るしかない! と踏ん切れるところ。

❺ 夜眠れなくなるような不安や悩みはある?
年相応の経験は積んでいるので、不安で困るようなことは滅多にないですね。あったとしても、成功に導きたい思いは一緒だから結果なんとか収まるよ、という気持ちで対応してます。

❻ 仕事をする上で大切にしていることは何?
嘘をつかずにちゃんといいものを提供すること。そして自分の直感や感覚を大切にすること。そうすればビジネスはかならずついてくるはずなので。

❼ リフレッシュするには何をしますか?
釣りをしたり、ギャラリーに行ったり、レコードを聞いたり、好きな作り手のワインを飲んだり。自分の好きなことを気の赴くままに。

❽ 旅に必ず持っていくものは何ですか?
イヤホンと、昔自分が作っていた音楽的なメッセージの入っているTシャツ。

❾ 世の中にもっとあってほしいモノは? 減ってほしいモノは?
あるモノが、この人にとっては大切だったり、違う人にとっては大切でなかったりと、それぞれの環境や状況があるので簡単には言えませんが、ちゃんと自分が置かれた時代や環境を見極めながら、今何が必要で何が必要でないか、またそれは周りの人々や環境にとっても、良いモノか、優しいモノか、を感じていければと思います。

❿ 明日やりたいことは何?
いつものように今、自分たちがやりたいこと、やるべきことをちゃんとやりたい。

坂野高広 *Takahiro Sakano*

大阪出身。School of Visual Arts 卒。IRMA recordsのNYオフィス勤務になる。2003年に帰国、IRMA recordsの日本オフィスを運営しながら、空間やグラフィックデザイナーとして活動。2018年、学芸大学に333をオープン、2019年、ホーチミンに姉妹店Sông Béをオープンさせる。333とSông Béの店舗デザイン、333のオリジナルプロダクトなども手がけている。

写真協力：333　　photo：中村 功　　text：木村由理江

仲本千津さんと行く

アフリカ ハッピープリントを 探す旅

「アフリカの人たちにとって、ファッションは
いちばん身近な自己表現。自分は素敵って
思えるきっかけになるんです」そう話すのは、
アフリカンプリントに魅せられ、2015年にウガ
ンダで起業した RICCI EVERYDAY 代表の
仲本千津さん。東京・代官山のショップには、
アフリカンプリントのアイテムが並ぶ。唯一無二
のブランドを目指して、仲本さんの旅はこれから。

アフリカのハッピープリントで
唯一無二のブランドへ

カンパラは緑もあるし高層ビルも立ち並ぶ

　生命が躍動するアフリカ大陸。カラフルでちょっとワイルドなアフリカンテイストが今、世界のハイブランドで注目されている。

　「アフリカの人たちはすごく自由。ファッションはいちばん身近な自己表現であり、自分って素敵なんだと思えるきっかけになるモノなんです」

　そう話すのは、アフリカンプリントに魅せられ、2015年にウガンダで起業したRICCI EVERYDAY（リッチーエブリデイ）代表の仲本千津さん。東京・代官山に構えた店にはアフリカンプリントのバッグや小物などファッションアイテムが並ぶ。新型コロナウイルスの感染拡大前までは、一年の半分近くをウガンダで過ごしていたという。

　ウガンダはアフリカ大陸の東側に位置する赤道直下の国。ナイル川の源流の一つであるアフリカ最大の湖・ヴィクトリア湖に接し、ケニアやタンザニアに面した、自然と水に恵まれた内陸の国だ。赤道直下ではあるが、首都カンパラは標高1,200メートルに位置し過ごしやすい気候でもある。近年、目覚ましい発展を遂げ、街中には高層ビルも立ち並ぶ。

　「ウガンダは土地も肥沃で、人も穏やか。楽園のような場所。カンパラは"一年中初夏の軽井沢"と言ってもいいくらい。いろんなおいしいお店もあるし緑もある都会。東京と同じように暮らすことができる街ですよ」

30歳までにアフリカで起業する

　仲本さんのアフリカとの出会いは大学時代。自分のスキルや知識で誰かを助けたい、その人の人生を変えていくような仕事をしたいと子供のころから思っていた。高校時代、世界史の授業で元・国連難民高等弁務官の緒方貞子さんのことを知り、大学院では、1990年代に民族紛争が多発していたサブサハラ・アフリカを研究対象に選んだ。同時期に「30歳までにアフリカで起業する」とすでに決めていた。

　社会のお金のしくみを知っておこうと勤めたメガバンクでの2年半を経て、アフリカの農業支援にかかわるNGOに就職。その後駐在員として赴任したウガンダで、ハッピーファブリックとも呼ばれるアフリカンプリントと出会ったのだ。

　「色といい柄といい、ウガンダの人たちは私たちの想像を超えた面白い組み合わせをするのがとても得意。鮮やかな原色がウガンダの大自然とすごくマッチするとい

うか。それまでの私の常識がことごとく覆されまくりでした」

　新型コロナウイルスのパンデミックにより、2020年3月末からロックダウンを続けていたウガンダ。10月頭に国境を開くと聞いて、仲本さんはすぐにフライトを予約した。カンパラには起業とほぼ同じ時期に仲間になったウガンダ犬のヒメとリッチーエブリデイのスタッフが待っている。

　久々のウガンダでまず向かうのは、カンパラ一番のファッションストリート、ウガンダ最大の布のマーケットだ。仲本さんのハッピーに出会う旅が始まる。

ウガンダの愛犬「ヒメ」

ハッピープリント

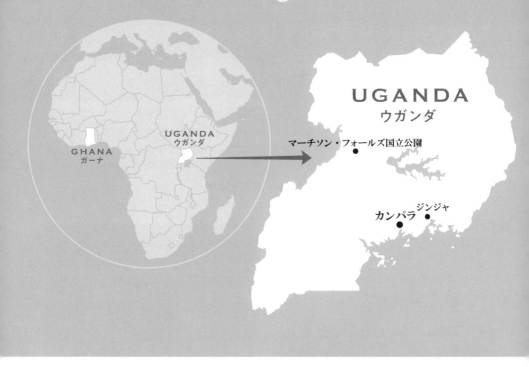

UGANDA
ウガンダ

マーチソン・フォールズ国立公園

カンパラ　ジンジャ

GHANA
ガーナ

UGANDA
ウガンダ

ウガンダ *Republic of Uganda*

アフリカの東側に位置し、ナイル川の源流であるヴィクトリア湖に接している。面積は日本の本州とほぼ同じ。赤道直下ではあるが、標高が1,200メートルと高く、過ごしやすい気候。ヴィクトリア湖のフラミンゴ、ブウィンディ原生国立公園のマウンテンゴリラなど野生動物も数多く生息する。

ガーナ *Republic of Ghana*

西アフリカ、ギニア湾に面し、ヴォルタ川流域の低地が国土の大半を占め、緯度0度、経度0度の交点に近い赤道直下の国。首都はアクラ。カカオは世界有数の産出量を誇る。1957年、イギリスからブラックアフリカ初の独立国となる。アフリカンプリントの発祥の地で伝統的なワックスプリントの老舗メーカーが多数あるが、違法コピーが問題になっている。

ハッピープリント

ウガンダ・RICCI EVERYDAYスタッフのオススメ

＊マーチソン・フォールズ国立公園
ウガンダ北西部に位置し、首都カンパラから車で6時間程度で行くことができます。公園内には大迫力の「マーチソン滝」があり、壮大な景色を楽しめます。キリン、ライオンやカバ、ゾウなどを直接見ることができ、サファリを楽しむことができます。

＊ジンジャ
首都カンパラからは自動車で約3時間。ジンジャは、ナイル川の源流があることで有名！ナイル川のクルーズやラフティング、バンジージャンプまで楽しめます。

＊カンパラ/ローカルマーケット
カンパラでぜひ試してほしいのは、ローカルマーケットでのお買い物。アフリカンプリントがずらっと並んだ布屋さんで、自分好みの布を見つけるのも楽しいです。また、金曜日の朝早くからは市内最大のモスクの裏側で「フライデーマーケット」が開催されており、バスケットなど東アフリカ中のクラフト雑貨を見ることができます。

＊カンパラ/オールドタクシーパーク
ウガンダの交通網の中心「オールドタクシーパーク」。ウガンダのあらゆる地域に向かうタクシー（ワゴン車のような乗合バス）が出ている場所で、数え切れないほどのタクシーが一か所に集まっている姿は壮観です。

＊カンパラ/RICCI EVERYDAYフラッグシップストア
RICCI EVERYDAYのフラッグシップストアはカンパラ市内にあります。日本人の小林一行さんという建築家の設計のもと、和とウガンダを融合させたデザインはとっても素晴らしいです。木とレンガの温もりが感じられます。

Mission 1
一期一会のハッピープリントを探す

出会いはローカルマーケット

　ウガンダの首都カンパラの街一番のファッションストリートには布を扱う店が100軒以上もひしめいている。その中に仲本さんの馴染みの一軒がある。一歩足を踏み入れると、壁一面を埋め尽くすアフリカンプリント。その色の洪水に圧倒される。

　「これだけの量があるのに、だいたい1か月で在庫はガラッと変わってしまう。その中で自分の好きなアフリカンプリントに出会えたら、それは一期一会。まさに、宝探し。ロマンを感じます」

　そもそもアフリカンプリントは、大航海時代、オランダが当時の植民地であったインドネシアの染色技法（バティック／ろうけつ染め）を同じく植民地として統治していた西アフリカ諸国に伝えたことが始まり。一方、ウガンダがある東アフリカ地域ではスワヒリ文化による独自の布文化「カンガ」が発達。布の中に「ジナ」と呼ばれることわざがプリントされていて、主に女性たちが身にまとい、自分の気持ちを周囲にさりげなく伝えていたという。西アフリカで生まれたアフリカンプリントが東アフリカにも伝わり、アフリカ全土に流通するようになる。

**波紋は影響、ツバメは富、
ペイズリーは昼と夜**

　伝統的な柄にはそれぞれ意味がこめられているという。
　「たとえば、井戸に水滴が落ちたときに広がる水の波紋をモチーフにした『アイ／

ツバメは富

波紋は影響

ハンバーガー！まさに宝探し

ビッグアイ』には "あなたの行動は周りに影響を及ぼす" という意味がこめられています。変化、富、自由などさまざまなものを象徴しているとされる『丸にツバメ』は "今日の富は、明日の富を意味しない"。お金はしっかり管理していないとあっという間にどこかに飛んでいってしまう、という意味」と仲本さん。

さらに駆ける馬の「ホースホース」は "自分はほかの誰より早く走る" という意味が、「ペイズリー」は "昼と夜" という意味があるという。

「東アフリカでは、冠婚葬祭など特別なときにアフリカンプリントで洋服を仕立てることが多いようですが、西アフリカでは日常的に取り入れられているのを感じます。アフリカンプリントを着る日を決めて、みんなで積極的に職場に着ていったり。アフリカンプリントを生産している自国のブランドを応援したいという気持ちやそれを作っているんだ、という誇りもあるんでしょう。みんなに愛されているのを感じます」

ハッピーファブリックと呼ばれる理由

「これもいいわよ」とお店の女性が出してきたのは、なんと、「ハンバーガー」柄！

ほかにも「ホウキ」や「大統領の顔」「南京錠」、ガーナなど西アフリカと西欧の音楽をミックスさせた独特な音楽の総称「HIGH LIFE」という文字が書かれていたりするプリントも！

個性的でアートのようなデザイン。色鮮やかでダイナミック。そして、ユニークな柄それぞれに物語がある。掘り出しモノを膨大な布の山から見つけたとき、誰もが笑顔になるアフリカンプリント。それがハッピーファブリックと呼ばれている理由だ。

「私がアフリカに赴任していた2014年ころ、日本では、ファッションのメインストリームは "ノームコア" と呼ばれるようなベーシックなスタイルだった。その中にこのカラフルなアフリカンプリントがもっと広がればいいのに、と思ったことが、今に至る最初の大きなきっかけでした」

念願だった「30歳までにアフリカで起業する」が現実味を帯びてきた。

アフリカ・ウガンダで30歳までに起業する！

最初の課題は現地で作り手を見つけること

アフリカンプリントを使って何を作ろう……具体的な小物のイメージも浮かび始めていた仲本さんの最初の課題は、現地で作り手を見つけること。ある日、アテのない仲本さんに知り合いが紹介してくれた、カンパラ郊外に住むグレースの家を訪ねた。HIVで亡くなった姉の子供と自分の子供の4人を育てるシングルマザーで、月10ドルの収入でなんとかやりくりしているという。口数も少なく俯きがち。仲本さんにはおとなしいウガンダの農村女性に映った。

「でもグレースが違ったのは、ほかの女性のように私に『援助してください』と頼んだりしなかったし、自分で自分の生活を変えようとしていたこと。クリスマスには売れる鶏を家の中で（！）飼って、その卵で子供たちに栄養をつけさせ、繁殖率の高いブタを育てて、その子ブタを大きく育てて売っては子供たちの学費に充てるというのを繰り返していた。彼女はブタで運用していたんですね。この人とだったら何か一緒にできるかもしれない、そう思いました」

グレースは手先が器用でやる気もあったのだが、ミシンの技術はゼロ。職業訓練学校のミシンのコースに通ってもらって3か月。彼女の上達ぶりは見事だったが、日本で売れるクオリティのものを作るには遠く及ばないことを知る。

「そもそも私の考えが甘かったんですよね。いや〜、困ったな〜と思っていたら、職業訓練学校で働いていた別のウガンダ女性、スーザンが、私も加わりたい、と。彼女が作ったものを見て驚きました。スーザンは10年以上もミシンをあつかうテーラーとして仕事をしてきたベテランだったんです。さらにそこに青年海外協力隊の人がゼロから育てた手縫いのレザー職人ナジュマを巻き込んで、彼女たち3人プラス私で工房を立ち上げることにしました」

冷蔵庫の隣にミシンとアイロンを置いて

2015年に立ち上げた当時の工房は3メートル四方の小部屋。スーザンの知り合いのスリランカ人のおじさんが「部屋が余っているから使っていいよ」と貸してくれたのだが……使えるのは彼が働きに出ている間だけ。

「おじさんの炊飯器とか冷蔵庫がある隣に、ミシンとアイロン台を1台ずつ置いてのスタートでした（笑）」

工房を立ち上げて半年後、試行錯誤を経てサンプルがついに完成。量産体制も見えてきた段階で仲本さんが考えたのは、日本で売ることだった。

「モノづくりは生産と販売が両輪で、その二つが同じようなタイミングで回っていかないと事業として成立しない。日本で売ってくれる人は誰だろう？　と考えたときに、ああ、母ちゃんにやってもらお

う、と（笑）。一番下の妹が高校を卒業して、母も第二の人生をどうするか考えていたときだったのでしょう。じゃあ一緒に、と母娘の二人で創業しました」

　立ち上げたブランドの名前は RICCI EVERYDAY（リッチーエブリデイ）。"毎日新しい意味での豊かさを感じられるといいよね"という思いを込めている。rich ではなく ricci と綴ることで、経済的な豊かさではない、別の豊かさもあると示したかったという。

「でもそれは表向きというか。私と母のブランドにしようと、二人の名前の律枝と千津を合わせた、というのがホントの理由です」

　創業直後、仲本さんは地元静岡のメディアに自ら書いたプレスリリースを送付。いくつかの新聞社から取材の依頼があり、テレビの密着取材も決まる。好調な滑り出し。その後、大手百貨店でポップアップストアを展開し、2019年には、代官山に直営店もオープンさせた。

RICCI EVERYDAY

西1-T17 -09

ハッピープリント

母・律枝さんと

ハッピープリントの
生産・流通ラインを育てる

メイド・イン・アフリカにこだわって

現在、メインで使うアフリカンプリントは、ガーナ共和国にある環境に配慮した工場から買いつけている。ワックスプリントで布を染める際には大量の水と化学薬品を使う。排水を最新鋭の浄水設備で浄化し、染色に再利用もしている工場を、仲本さん自身がその目で確かめて決めてきた。

「残念なことに、アフリカンプリントはローカルマーケットなどで違法コピー品も多く出回っています。環境に配慮していない工場もあります。四半期に一度、たとえ丸一日かかってもメイド・イン・アフリカと記された布地を調達しようとウガンダの工房からガーナの工場に買いつけに出かけています」

メイド・イン・アフリカ、メイド・イン・ウガンダのものを世界に流通させていくことが、とても大事なことなのだ。

どんな人にも可能性があり、
適材適所で人は輝く

2021年現在、リッチーエブリデイのカンパラ郊外の工房で働くスタッフは20人を超えている。生地を縫うミシンチーム、革を手縫いするレザーチーム、細かなペーパービーズを作りつなぎ合わせる職人、輸出や管理業務を行う管理業務チーム。

それぞれが役割を分担しながら日々の業務を行い、自らのポテンシャルに気づき、意志と誇りを持って人生に向き合うきっかけを提供したい……それは創業当初から変わらないリッチーエブリデイの理念だ。

「SDGs」に設定された17のゴールの中

でもゴール5の「ジェンダー平等の実現」を起点として、コロナ禍だからこそ「これまで以上に作り手にシングルマザーや元子供兵など、社会的に疎外された人たちを巻き込み、彼女たちの人生そのものをより良くしていきたい」と仲本さん。

「60代で主婦だった母に社長を任せたり、テーラーだったスーザンにマネジメントを任せてみたり、現地のショップスタッフが、実は写真を撮るのが得意で商品の写真撮影を頼んだり。年齢も国籍も性別も関係なく、その人が持っているものを生かすことのできる環境が、リッチーエブリデイには根付いているのではないかと思います。まさに、ダイバーシティ（多様性）に支えられている会社ですね」

ファッション業界をアップデートしていきたい

ここ数年、ファッション業界では労働環境、環境破壊、衣料廃棄、アニマルウェルフェア、文化の盗用などのさまざまな問題が表面化してきた。

「ファッション業界はサプライチェーン（原料調達から販売まで）が長く、いくつ

もの手が介在するため、自分の目で確かめられないことがたくさんある。だからと言って万が一、たとえば環境破壊に加担しているようなことがあったら悲しいですよね……続けるからには自分の納得いく形にするために、できることからチューニングしていこうと決めました」

製造の過程で出る端切れはショッパーの持ち手やお店のポップで活用するなど、できる限りアップサイクルする工夫もしている。プラスチック類やゴミの削減は言うまでもない。

「一見地味なことや短期的には損に思えることでも、自分たちができる"正しいこと"に真摯に取り組んで、持続可能な社会の実現に貢献していきたいと考えています」

ウガンダの空港が再稼働した2020年10月以降、3度、ウガンダに飛んでいる。パンデミック以前のように2か月間ウガンダ、3か月間日本、というルーティンに戻りつつあるが、この先は誰もわからない。コロナ禍が終わったら自分と事業をどんどんアップデートしていきたい、とSNSで表明していた仲本さん。解決すべき課題は山積みだ。

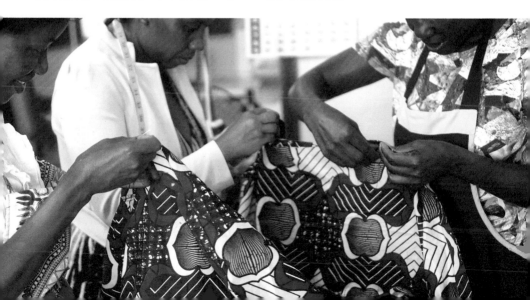

Mission 4

ウガンダ伝統の素材、バーククロスを見つける

最古のテキスタイルの一つ

　仲本さんはカンパラから車で4時間のタンザニアとの国境に近いキファンバ村へ向かった。訪ねたのは、ウガンダの伝統工芸品のBarkcloth（バーククロス）と呼ばれる一枚布を作る職人、ゴッドフリ・ムゴンザさんだ。

　「アフリカンプリントの商品を工房の人たちと作り上げる体制が整った段階で、新たな商品となりそうな可能性のあるものはないかと、あちこちの工房を回って素材や職人を探し始めました。その中で出会ったものがバーククロスです」

　バーククロスは12世紀に使用されていたという記録が残る、古くは王様の衣装にも使われたという人類最古のテキスタイルの一つ。

　ゴッドフリさんに案内されて、自生するムトゥバの木に前にたどり着くと、早速、作業が始まった。

　最初に木の幹に切れ目を入れ、鋭く尖ったバナナの茎を使って木の皮を剥がしていく。

　「バナナの茎は柔らかいので、木の皮を傷つけることなく剥がすことができるんだ。剥いだあとは、新しい皮が育つからね」

　皮を剥いだ木にはすぐに手当てを施す。バナナの葉を巻き、日差しや雨風から守る。そうすることで、新しい皮が育ち、一年後に再び収穫できるようになる。木の皮を布にするにはもうひと手間。またも

やバナナ（の葉）が登場する。乾燥したバナナの葉を使い表面を焼くことで、硬い皮が削りやすくなる。ウガンダでは、600年以上前から職人の一族に受け継がれてきた伝統技術だ。そして、もっとも大変な作業は、木槌で木の皮をひたすら叩くこと。約4時間叩き続けることで、厚みのある木の皮の繊維が徐々に伸びていき、三倍もの大きさになる。あとは、数日天日にさらすだけ。

　「これだけの厚さがここまで薄くなるとは信じ難い」

ユネスコの無形文化遺産にも登録

　天日干しされたバーククロスは、鮮やかな茶色に変わる。自然と人が織りなす環境に優しい布。

　「このコロナ禍ですごく感じたのは、今まで通りの価値観とかじゃいけないなって。やっぱり私たちは、自然とつながりあって生きていることを強く感じましたね」

　このバーククロス制作技術は、2008

年にユネスコの無形文化遺産にも登録されている。

「ファッション業界が世界的にレザーに変わる素材の開発を進めていますが、バーククロスに出会った瞬間、その色合いや少しざらっとしたスエードによく似た質感に可能性を感じました。伝統的で持続可能な素材であることもすごく魅力的だったし。ただ、ウガンダのローカルマーケットに出回っているバーククロスで日本に向けた商品を作るのは難しい。それで高い品質のバーククロスを見てみたかったんです」

「君たちが、バーククロスがどうやってできるか見にきてくれてとても嬉しいよ。あまりにも嬉しくて、手を叩いて喜びたいくらいだよ」

ゴッドフリさんと仲本さんは手を叩き合って、バーククロスができあがった喜びを分かち合った。

67

Mission 5

バーククロスから
オリジナルのバッグを作る

オールウガンダのバッグ

確保した品質の高いバーククロスで何を作るか。仲本さんが考えたのはミニサイズのバッグ。スエードっぽい質感と軽さが活きるアイテムだ。

事前にイメージをデッサンし、バーククロスアーティストの友人のエヴァ・メンスバルジャさんを訪ねる。ベルギーから移住し、10年以上前からバーククロスでジュエリーやインテリアアイテム、アート作品を手がけてきた彼女は、バーククロスに無限の可能性を感じるひとり。彼女のセンスを取り入れてデザインは完成した。

「外側は茶色をベースに白と黒を差し色にしたバーククロスで、内側はコットン100%のチコイと呼ばれるウガンダの手織りの伝統布です。パーツには牛の角も使います。職人技が光る"オールウガンダ"のバッグです」

このバッグは、持続可能な素材とウガンダの職人技を駆使した商品を発信する、新たなラインの第一弾として発表される。ラインの名前は"NAWOLOVU（ナウォロヴ）"。ウガンダ語でカメレオンを表す言葉だ。

「ウガンダには"AKWATA EMPOLA ATUKA WALA NAWOLOVU ATUKA KU KIBUGA"、"ゆっくり始めれば遠くまで行くことができる。カメレオンもやがて街へたどり着く"という素敵なこと

わざがあるんですよ。私はそれを"生活様式を見直そうという今の流れが、いつか持続可能な社会の実現につながる"ということだと受け止めています」

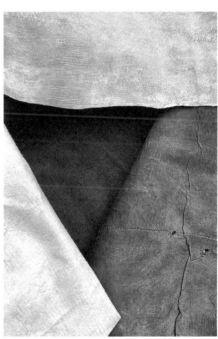

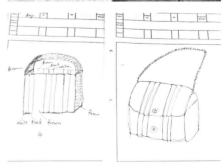

Mission 6

アフリカのアップサイクルな
ファッションアイテムを探す

制約の中から生まれたペーパービーズ

　ウガンダ滞在中、仲本さんは次に手がけるアイテムのことばかりを考えている。足が向かったのは、アフリカンプリントと出会ったローカルマーケット。新たに生まれたもの、歴史に埋もれてきた伝統的なものはないかと、アンテナを張っている。

　民芸品や生活雑貨の中から「かわいい」と仲本さんが見つけたのは、リサイクルペーパーで作ったペーパービーズのアクセサリー。雑誌やチラシなど、捨てられる紙を使って、一粒一粒手作業で作っている。ニスを塗って固めると、軽くて丈夫なペーパービーズに。つなぎ合わせるとネックレスになる。まさにアップサイクルなファッションアイテムを見つけた。「日本では簡単に手に入るプラスチックのビーズが、ウガンダではなかなか手に入らない。手に入らないなら代わりのものを自分たちで作ればいい、と考えるのは、彼らにとってごくごく当たり前のこと。制約がある中でいかに素材を生み出すかに関して、彼らの発想はとても豊かです」

アップサイクルでしかもオシャレ

　しかも環境に負荷をかけるプラスチックビーズではなくペーパービーズを使うことで廃棄するものをアップサイクルさせている。
　「いろんなメッセージを投げかけてくれ

る素材です」と仲本さん。
　リッチーエブリデイではペーパービーズのバッグを作ってみた。軽くてカラフルでちょっとオシャレ。人気アイテムの一つになっている。

自分の知識とスキルで社会の問題を
解決できる仕事につきたい

緒方貞子さんの生き方に感銘を受けて

　4人兄弟の長女。臆せずいろんなことにチャレンジする子供で、人の面倒を見るのも好きでしたね。中学高校はカトリック系の学校で、クラス委員や部活の部長もよくやっていて、リーダーシップはそこで学んだのだと思います。自分の知識とスキルで誰かを救うとか、誰かの人生を変えるような仕事につきたいという思いが強くて、ずっと医者を目指していました。ただ苦手な数学が克服できず、諦めざるを得なかった。

　ちょうどそのころに授業で見たのが、元・国連難民高等弁務官の緒方貞子さんのドキュメンタリー番組でした。一つの政策で何百万人もの難民の人たちの生活にインパクトを与えられる仕事があること、それを日本の女性がやられていることに感銘を受け、緒方さんのようになりたいと思うようになりました。

　早稲田大学と一橋大学大学院ではサブサハラ・アフリカの紛争問題や平和構築の研究をしていました。民族紛争にかかわっていた緒方さんの影響もありましたけど、"なぜ人の命を奪ってまで自分の利益を追求したいと思うのか"、シンプルに問題意識を持ちました。

TABLE FOR TWO Internationalの
小暮さんに出会って

　大学院時代は国際問題や社会問題の解決を目指すいくつかのNPO法人やNGOでインターンをしました。「インターンをやらせてください」と突撃メールを送って採用してもらったNPO法人 TABLE FOR TWO International* の代表理事の小暮真久さんには、大きな影響を受けました。クールヘッドとウォームハートの両方を持ち合わせた人で、とてつもなく高いゴールを目指しているのに、いろんな人たちを巻き込んで楽しく活動している。その姿を見

て、この人はすごいな、と。彼のように、30歳までにアフリカで起業したいと思ったのも、そのときでしたね。

大学院を出て就職したのはメガバンクです。青臭い理想論を語るだけでなく社会の構造やお金のめぐりについて学びたかった。花形の営業という部署で、プロフェッショナルな人たちに囲まれていろんなことを勉強できましたが、入社式のときから同じような色と形のスーツを着ることをよしとする空気を同調圧力のように感じていたのも確かです。許容範囲ギリギリの派手なインナーや網タイツ、ネイルで出社し続けたのは、私なりの無意識の抵抗。自分自身がどんどん失われていくような感覚に陥って、銀行での自分が果たすべき役割もよくわからないままの2年半でした。小暮さんに「いいの？ このままで」と投げかけられるたびに、「こういう社会人を目指していたわけじゃない」と思っていましたね。

転機になったのは2011年、東日本大震災です。あの日、多くの人が志半ばで亡くなられた。自分はやりたいことがあるのだから、それを先延ばしにするのはもうやめようと覚悟を決めました。すぐに就職活動を始め、10月にアフリカの農業支援のNGOに入りました。

*TABLE FOR TWO international（TFT）は、世界の9人に1人が飢餓、4人に1人が肥満という世界規模で起きているこの食の不均衡を解消し、開発途上国と先進国双方の人々の健康を同時に改善することをミッションに活動するNPO法人。

ウガンダで出会ったアフリカンプリントで
「好き」と向き合った

いよいよアフリカの地へ

　NGOでは月に一度、アフリカに行っていました。リージョナルオフィスがあるエチオピアをメインに、支援国のウガンダ、ナイジェリア、マリ、さらにケニア、ジブチ、スーダン、ガーナ……。やりとりは一般の日本の英語教育と独学で身につけた英語です。勤務時間が9時から5時までの東京オフィスでは、夜の時間を持て余していました。この時間を何かに使えないかと考えていたときに出会ったのが、エチオピアで起業していたandu amet（アンドゥアメット）の鮫島弘子さんでした。鮫島さんはちょうどエチオピアでシープスキンレザー製品のブランドを立ち上げたばかりで、そのお手伝いをすることに。自ら起業するにあたり、とてもいい勉強になりました。

　ウガンダ駐在は2014年からです。仕事の終わった平日の夜や休日は、地元でソーシャルビジネス（社会的起業）をやっている人たちを訪ねて話を聞いたり、カンパラの面白そうな場所を回っていました。

「好き」に向き合う

　ある日、日本人の友人と出かけたローカルマーケットで、アフリカンプリントに出会ったんです。床から天井まで壁一面に布が並ぶ店の中に吸い込まれるように入ったら、原色の洪水が押し寄せてきて。柄がユニークで、一枚一枚どれも違う。一緒に行った友だちとかわいいと思う布を競い合ったり、自分のお気に入りの一枚を選んでいたら、あっという間に2時間経っていました。すごく楽しくて、ハッピーな時間でした。

　そのとき、私は自分本来の"好き"と向き合い、再発見できたんだと思います。"この組み合わせっていいの？"から"この組み合わせアリかも！"へ。常識とか社会通念が覆され、本来の自分自身を再発見できたというか。アフリカンプリントを通して、自分の"好き"と向き合うような経験をたくさんの女性にしてほしい、と今も思っています。

　2015年、母を巻き込んで、リッチーエブリデイというブランドを立ち上げました。そのとき、工房で飼い始めた犬が「ヒメ」です。ヒメはリッチーエブリデイとともに成長しています。

　2016年にカンパラにフラッグシップストアをオープン。リッチーエブリデイのブランドのアイコンともいわれる「アケロバッグ4WAY」は、トート、ショルダー、クラッチ、ハンドバッグの4通りで使えます。2018年には、トラベルバッグに関する調査も行い、商品開発に役立ててもいます。2019年には、代官山に直営店をオープン。現在はオンラインでどうしたらイメージ通りにお買い物ができるか、日々試行錯誤を繰り返しています。

手にする人の人生を支えるブランドにしたい

唯一無二のブランドを目指して

　ウガンダは、2020年3月末からロックダウンに入っています。人の移動が禁止された4月は完全に工房をクローズしましたが、7月から本格的に稼働を再開。残念ながらウガンダでは国によるセーフティネットはあまり信頼できない。だから私たち民間企業が最後の砦だ、という気持ちで、4月から6月までの3か月間、従業員の雇用はなんとか守り続けました。新型コロナウイルス感染症によるパンデミックは、いずれ回復するとわかっている期限付きの災害のようなものなので、ここまで育てた技術や働いている人のプロフェッショナリズムを手放すのは、会社にとっても、ウガンダの社会にとっても不利益でしかない、誰かがリスクを取って支えていかないといけない、という気持ちでした。

　今のウガンダの人たちは、国を良くしたい、自分の生活を良くしたいと思っているけれど、それがどうしてもできないような環境にいます。そんなウガンダの人を一人でも多く巻き込みながら、彼らの人生を支えられるようなブランドになりたいし、いつか「うちの国にはリッチーエブリデイというブランドがある。それを誇りに生きていこう」と思ってもらえるような存在になれる

といいな、と思っています。シャネルというブランドの哲学だとか経営手法をいろいろな本をとおして知る中で、シャネルが目指す社会とか、モノ作りへの想いにすごく共感しています。ぜんぜんかけ離れていて恐縮すぎますが、フランスにおけるシャネルのような存在に、ウガンダでなれたらいいなと思います。

　ウガンダのさまざまな素材と技術を使って、世界も認める唯一無二のブランドになれたら何より。リッチーエブリデイの商品が一つのメディアとなって、ウガンダという国のことや、その商品にかかわる職人やスタッフ、私たちのブランドの考え方、社会との向き合い方といった多様なメッセージが伝わっていくことをいつも願っています。リッチーエブリデイの商品を生活に取り入れることで、少しでも前向きな気持ちになったり、自分のありたいように生きていくことの大切さに気づいてもらえることが、いちばんの理想ですね。

仲本千津さんへ10の質問

❶ 子供のころの夢は何でしたか？
医者になることが夢でした。国境なき医師団に入りたかったです。

❷ 初めての外国はいくつのとき、どこに行きましたか？
小学生のころ、親が宝くじに当たって、家族揃ってサイパンに行きました。

❸ 駆け出しのころの自分に言ってあげたいことは何ですか？
きれいに生きようとせず、自分の気持ちに正直に、遠回りしたり、泥臭く生きるのがいいよということです。

❹ 自分の性格でいちばん自慢できるところは？
粘り強く、決して諦めないところ。めったに怒らないところ。

❺ 夜眠れなくなるような不安や悩みはある？
会社の経営課題（笑）。あとは、ウガンダの出張直前も緊張します。仕上げたいデザインが思うようにできるか不安になります。

❻ 仕事をする上で大切にしていることは何？
従業員、お客さま、生産者などなどブランドにかかわっている人みんなが、ハッピーかどうか。また、自分は経営者としてやるべきことをやっているかどうか。

❼ リフレッシュするには何をしますか？
海外ドラマや映画をひたすら見ます。海外ドラマでハマったものは、ありすぎて挙げたらキリがないですが、時事問題と連動した「HOMELAND/ホームランド」は面白かったです。

❽ 旅に必ず持っていくものは何ですか？
パソコン、蚊除けスプレーと日焼け止め、モバイルモニター、変換プラグ、サングラス、お守り、味噌汁。これさえあれば、世界中どこでも仕事できます。

❾ 世の中にもっとあってほしいモノは？ 減ってほしいモノは？
もっとあってほしいモノは、それを買って使うことで社会がより良い方向に向かっていくモノ。減ってほしいモノは、誰かの犠牲の上に作られたモノ。

❿ 明日やりたいことは何？
（日本）大好きな人と美味しい食事をする。
（ウガンダ）新しい職人さんと素材を開拓する。ヒメと遊ぶ。

仲本千津 *Chizu Nakamoto*

静岡生まれ。早稲田大学法学部卒業後、2009年一橋大学大学院法学研究科修士課程修了。2014年からNGOのウガンダ事務所駐在として農業支援にあたった。2015年ウガンダの首都カンパラで工房を立ち上げ、母娘で株式会社RICCI EVERYDAYを設立。アフリカンプリントを使ったファッションブランドを日本で展開する。また2016年ウガンダで現地法人レベッカアケロリミテッドを設立し、マネージングディレクターに就任。2016年第1回日本AFRICA起業支援イニシアチブ最優秀賞受賞、2017年日経BP社主催日本イノベーター大賞2017にて特別賞、第5回グローバル大賞国際アントレプレナー賞最優秀賞ほかを受賞。

写真協力：RICCI EVERYDAY　　text：木村由理江

ハッピープリント

ファビアン・デグレ さんと行く

フランス
極上チーズを
探す旅

フロマジェとは、チーズの食べ頃を見極めたり、アレンジの提案をしたり、いわばチーズ版ソムリエ。ファビアン・デグレさんは、ル・マンのチーズ屋さんに生まれ、日本のチーズ店で修行したのち、2015年、世界最優秀フロマジェコンクールで優勝。'21年6月、故郷にチーズ店をオープンさせた。「チーズの世界は無限。誰も知らないチーズを提供したい」──ファビアンさんの旅は続く。

Mission of Fromager

チーズは無限の世界。
誰も知らないチーズを提供する

世界一のフロマジェによる新たな旅

　チーズ王国、フランス。この国には村の数だけチーズの種類がある。土地ごとの地理や気候、環境による違いが、風味となって表れる「テロワール Terroir（土地に根ざすもの）」は、チーズの世界でも重要な要素だ。

　そんなテロワールを生かした極上チーズを求めて、フランス各地を旅するのは、世界一のフロマジェ、ファビアン・デグレさん。フロマジェとは、チーズ版ソムリエのようなもので、チーズの食べ頃を見極めたり、アレンジの提案をしたりするスペシャリスト。日本のチーズ店「フェルミエ」で経験を積んだのち、2015年、フロマジェの技術を競う世界最優秀フロマジェコンクールで優勝。現在はフランスに拠点を移し、世界のレストランのためにチーズの買いつけをするフロマジェの仕事を続けながら、ユニークなチーズ専門店を開いている。

　「フランスのチーズはとても奥深い文化なので、いい生産者さんでも、知らない人がたくさんいます。ずっと買いつけているところでも、年によっては質にバラつきがあり、新規チーズの開拓はとっても重要」

　そう語るファビアンさんが今回旅に出るのは、フランス西部のブルターニュ地方、南はスペインとの国境に近いバスク地方。そしてパリ近郊に位置するファビアンさんの故郷、ル・マンもご紹介。

　「チーズの世界は無限の世界です。誰も知らないチーズを提供したい。お客さまを感動させたいです」

海辺の町で地元チーズをリサーチ

　'20年7月、日本未上陸の極上チーズを探す旅は、ブルターニュ地方の港町、ヴァンヌからスタートした。2000年の歴史を誇り、城郭都市として栄えた町。酪農もさかんで、バターをたっぷり使った伝統菓子、クイニーアマンは有名だ。これは材料の配合を間違えたパン屋の失敗から生まれたそう。海の恵みとなるゲランド塩も名産品で、塩キャラメルはブルターニュが発祥と言われる。"フランスの食糧庫"とも称される、土地ならではの食文化が根ざす地で、さっそくチーズの専門店をリサーチする。

　「地元のチーズはありますか」

　「ええ、ブルターニュのチーズはこの10年ですごく盛り上がっているわよ」

　女性店員がうれしそうに答える。実は、この地方で採れるミルクは脂肪分が多く、チーズには不向きと考えられ、あまり作られてこなかった。近年、そこに若い生産者たちが目をつけ、チャンスを求めて移り住むように。次々と無殺菌で作る独創的なチーズを作るようになった。この店のショーウィンドーにも青カビ系、白カビ系、スパイスの効いたアレンジ系など、さまざまなタイプが並ぶ。

　「今回の目標は、新しいチーズ。どこでも手に入らない、"その島"に行かないと食べられないらしいです」

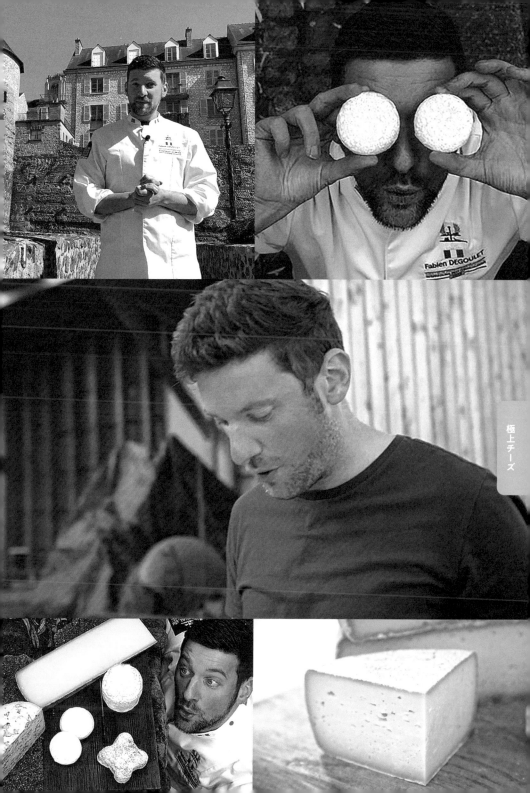

極上チーズ

Research of Cheese Kingdom, France

チーズ王国、フランス。国別の生産量、消費量でいうと実はアメリカが1位、フランスはドイツに次いで3位になるが、1人あたりのチーズの年間消費量はデンマークに次いで2位で26.8キロ、日本の約10倍にあたる。しかし、チーズの輸入量はアメリカ、ドイツ、デンマークに比べてぐっと少なく10位（いずれも2019年/JIDF世界酪農状況2020より）。フランスには村の数だけチーズの種類があると言われる所以かもしれない。昔からの伝統的な製法で作られるチーズをAOP（EU統一の原産地名称保護）チーズとして認定している。フランスのチーズの産地は、主にフランス西部／中部／北部・北東部に分かれる。

西部：ブルターニュ、ノルマンディー、ペイ・ド・ラ・ロワール地方
牧草地や果樹園、穀物畑が広がる田園地帯。年間を通じて雨が降り、寒暖差も小さく、安定して牧草が得られる。リンゴ園も多く、シードルやカルバドスの産地でもある。

中部：イル・ド・フランス地方
パリを中心に広がり、カマンベールと並ぶブリーの産地として有名。ロワール川流域に広がるロワール地方は、狩猟や釣りをして食する文化があり、小麦畑や牧草地も多い。

北部・北東部：シャンパーニュ、ブルゴーニュ地方
荒地だった斜面がぶどうの栽培に適し、シャンパンで有名なシャンパーニュ、有数なワインの産地ブルゴーニュとして発展していった。アルプスの麓にあるジュラ地方はコンテチーズの産地として有名。

アール島
ブルターニュ地方のヴァンヌからフェリーで30分、モルビアン湾内に点在する島の一つ。沿岸ではカキの養殖も行われている。海からの風を受けた牧草を食べるブルターニュ原産の牛から取れるミルクを使ったチーズは、この地に惚れ込んだ4人の共同経営者が始めたアール島牧場で作られている。

バスク地方
スペインとの国境付近でピレネー山脈を有する。標高1,000メートル平均の傾斜地で羊の牧畜がさかんな美食の地。ウルクル山にある羊飼いのチーズはこの風土を生かして生まれた。アイノアは赤いファザードの建物が立ち並ぶ、フレンチバスクの村。

ル・マン
ファビアンさんの生まれ故郷。パリから200キロ、高速鉄道TGVで約1時間に位置するロワール地方の都市。1923年に始まったル・マン24時間耐久レースで有名。大手自動車会社の工場やサーキットがあることから、1990年にモータースポーツの聖地として鈴鹿市と友好都市となっている。2020年にファビアンさんのお店「Fromage et ses amis」がオープンした。

ノール=パ・ド・カレー

オート・ノルマンディー　　ピカルディ

バス・ノルマンディー　　　　●パリ　　シャンパーニュ=アルデンヌ

ブルターニュ　　　　　　イル=ド=フランス　　　　ロレーヌ　　　アルザス

　　　　　　　　●ル・マン

●ヴァンヌ

アール島●　　ペイ・ド・ラ・ロワール　　　　　　　　　　　フランシュ=コンテ

　　　　　　　　　　サントル　　　ブルゴーニュ

FRANCE
フランス

ポワトゥー=シャラント

リムーザン

　　　　　　　　　　　　　　　　　ローヌ=アルプ

オーヴェルニュ

アキテーヌ

バスク地方　　ミディ=ピレネー　　プロヴァンス=アルプ=コート・ダジュール

アイノア●

●ウルクル　　ラングドック=ルシヨン

コルス

Mission 1

ブルターニュ、アール島。
未来のチーズ生産者を応援する

のどかな島で原産の牛と出合う

　ブルターニュの港町ヴァンヌから、フェリーに乗って30分。モルビアン湾に点在する小さな島々をかいくぐって目指すのは、200人ほどが暮らすアール島。島内で週に一度開かれるマルシェには、ここでしか買えない評判のチーズがあるという。島で採れたミルクだけで作るオーガニックチーズだ。ドライトマトやパプリカ、クミンをまぶしたフレッシュチーズも大人気。島で作られてすぐ店頭に出るから、新鮮で飛ぶように売れる。

　ファビアンさんはこの島のチーズをSNSで見つけた。

　「海辺の風を受けた草で育った、特別な牛の乳を使って作ると聞いて。おいしいかどうかまだわからないけど、特徴ある味がするんじゃないかと思って」

　事前にアポを取っていた生産者、トマ・メニャンさんが船着場まで迎えに来てくれた。まずは二人で牛に会いに牧草地に向かう。

　トマさんは、ブルターニュ原産の牛、ピ・ノワール種にこだわってチーズを作っている。ピ・ノワールはミルクの生産量が少ないため、多くの農家が見放し、今ではほとんど育てられていない。だが島の風土に根ざしたチーズ作りを目指しているトマさんは、あえてこの牛を選んだと言う。目の前に海が広がる牧草地で、27頭の牛たちとご対面。ファビアンさんが頭をなでると、しきりにうれしそうにうなずく一頭がいた。

　「ぼくのこと、好きみたい（笑）」

　牛が何を食べているか、どんな環境に育っているかは、チーズの味を見極める上でとても大事。ここは海からの風を受けた草に、ミネラルが豊富に含まれている。味も期待ができそうだ。

こだわり製法で芳醇なチーズを発見

　トマさんは、「Ferme de l'Ile d'Arz」（アール島牧場）で、仲間と4人でチーズを作っている。共同経営者のセバスチャン・オーシャンさん、パートナーのヴィオレーヌさん、そしてクレマン・クユンジャンさんはみな、この島の自然に惚れ込み、近年移住してきた。

　島で採れるミルクにとことんこだわったチーズ作り。発酵を促す乳酸菌も自家製乳酸菌を加えている。風味あふれるミルクの個性を大事にしたいからだ。

　「乳酸菌は普通に買ってチーズを作るところが多いので、自家製の乳酸菌を加えるのはとても珍しいです」

　ファビアンさん、製造を見学しながらメモ、メモ。そしていよいよ、トマさんご自慢のチーズを試食させてもらう。まずは白カビのソフトタイプから。

　「おいしいけど、ほんの少しだけ苦味を感じる。率直に言うと、奥に苦味があるというか、脂肪分から苦味が出ているん

じゃないかな」

　さすが世界一に輝いたフロマジェ、ありのまま本音を伝える。

「確かに、熟成させるとそういう味わいになるかも」

　とトマさんも納得。続いて、2か月熟成させたセミハードタイプを試食する。

「（個性が）絶対出てくると思います。出てきてほしい！」

　祈るようにカットして匂いを嗅ぐと、バターの香りがより濃い。ピ・ノワール種は、バターに適した牛なのだ。ひと口食べてみると、ファビアンさんの表情が変わる。

「きたね。ここの特徴的な味が感じられる。芳醇だね。いい！ 面白いのは、バターのような感じで、触るとすごく柔らかい。クリーミーで、畑と草の香りがあって、威張ってないけど、雰囲気がある」

　海からの風、草の香り、自然と人が織りなす優しい味に出会えた。だが残念なことに、今はまだ生産量が少なく、島に住む人に向けて作るだけで精一杯だという。買いつけは断念したが、ファビアンさんの表情は明るい。

「すごくよかった。チーズは一部イマイチだったけど、みなさん若手でトマが28歳。あと1～3年くらいすると課題を突破するんじゃないかな。それを応援したい」

　国内では、家業を継ぐ若いチーズ生産者は減少傾向にある。そんな中、小さな島で、未来への希望を見つけたのだ。

極上チーズ

島で採れるミルクにこだわったチーズ

牛の育っている環境がチーズの味を決める!?

地元の生産者と
新しいチーズの風味を開発する

幸せを運ぶ甘い味

現在、ファビアンさんが取り組んでいるのは、地元のチーズ生産者との新商品開発。ファビアンさんが住まう故郷、ル・マンから車で1時間ほど行くとノルマンディー地方の内陸側、ペルシュ地域に入る。そこで「トレフル」と呼ばれる四つ葉のクローバー型の山羊乳チーズを'05年に開発した一家の、ヴァンサン・ルラさんを訪ねる。トレフルは当初近隣の生産者にレシピをシェアし、細々と販売していたが、パリに持ち込んだところ、その形から幸運をもたらすチーズとして人気になり、今では広く売られるようになった。程よい塩味と酸味で、食感は濃厚なチョコレートケーキのようだ。

今回ファビアンさんは、このトレフルをラズベリージャムの中で熟成した試作品を届けに来たのだ。独特の酸味があるチーズを、ジャムの甘味がさわやかに包み込む。ヴァンサンさんと味見してみると、彼もいい感触を得たようだ。

ラズベリージャムの中で熟成

「まるでイチゴのヨーグルトでしょ」というファビアンさんに、「そう。子供が食べるヨーグルトの味を思い出していたよ」とうなずくヴァンサンさん。「でもベタつかないように、外側をもう少し乾燥させないといけないな。タンパク質が分解しすぎるとチーズの苦味も出てくるかもしれない」。ファビアンさんの繊細な舌は、小さな妥協も許さない。熟成の仕方に課題を見つけ、修正を図る。赤茶色の甘～い四つ葉のクローバーが店頭に並ぶ日は、そう遠くないかもしれない。

「トレフル」と呼ばれる山羊乳のチーズ

Mission 3
一流シェフと情報交換する

通じ合う"チーズ愛"に感動

　ファビアンさんの極上チーズを探す旅、次の目的地はフランス南部、バスク地方。スペインとの国境に近く海と山の食材に恵まれた、美食で名高いエリアだ。まず訪れたのは、13世紀に巡礼者の宿場町として栄えたアイノア。フランスの最も美しい村の一つにも選ばれている小さな村で、星付きレストラン「オテル・レストラン・イチュリア」に足を運ぶ。高級レストランにチーズを紹介しているファビアンさんにとって、こうしたお店のシェフとの情報交換は大切な仕事の一つなのだ。

　オーナーシェフ、グザヴィエ・イザバさんが提案する"シェフの一皿"では、アクセントにチーズが欠かせない。彩り豊かなスライス野菜にも、カリンとチーズのミルフィーユが添えられている。

　そして、グザヴィエさんが供してくれた、とっておきの一皿は、バスクの名物、黒さくらんぼジャムのチーズプレート。ロールしたスライスチーズをブーケのように美しく盛り付けたもので、タパスのように、カジュアルに手で食べられる。

「とてもシンプルだけど味わい深い。色味の美しさと味がマッチしていますね」

　とファビアンさんは感動しきりだ。

「一流シェフと出会って、こういうチーズの食べ方を紹介してもらうとき、とてもうれしい。生産者がチーズを作って、チーズ屋さんが世話をして、シェフはどうやったら引き立つかを考えて、こういう形になった。とても素晴らしい」

黒さくらんぼジャムのチーズプレート

極上チーズ

星付きレストラン「オテル・レストラン・イチュリア」

ピレネー山脈へ
羊飼いのチーズを探しに行く

山小屋で生まれる奇跡を訪ねて

　今回ファビアンさんがバスク地方にまで足を運んだ目的は、ピレネー山脈で作られる幻のチーズを手に入れること。日が昇る前にホテルを出発し、霧の中、ウルクル山を登っていく。7月らしからぬ厚手の上着を着込み、標高1,300メートルにある小さな小屋を目指す。チーズ作りを一から見たいと、朝6時に訪ねる約束をしているのだ。

　迎えてくれたのは、ジャン＝ベルナール・マイティアさん。夏の間だけ、ここで暮らしているチーズ生産者だ。パリの有名シェフも一目置く存在で、自らを「羊飼い」と呼び、ピレネー山脈の自然に身を委ねながら極上のチーズを生み出している。朝霧の中、放牧する羊はおよそ400頭。ピレネー山脈で昔から飼育されてきた固有種、マネッシュ・テット・ノワールは黒い頭と足が特徴だ。

　この山々で羊飼いが暮らし始めたのは、紀元前から。羊が草をはみ、人がチーズを作る。何千年にもわたり繰り返されてきた、何でもない暮らしが、この地域独特の尊い景観を生み出した。

　「この辺りは豊かに草が茂っている。今日は暑すぎず、寒すぎず。羊たちが進みたいように任せても大丈夫。彼らがいちばんよくわかっているから。私の仕事は自然に寄り添うこと。私は何も決めることができないからね。天候も決められないし、羊が牧草を探すルートも決められない。自然に身を委ねることしかできないんだ。

あるがままに」

　そう語るジャン＝ベルナールさんの横顔は哲学者のよう。

12年前にたどり着いた作り方

　ジャン＝ベルナールさんの搾乳の秘密は、タンクの口にイラクサを置いておくこと。近辺に自生する山菜で、葉の表面にあるたくさんの刺毛でミルクを漉せるのだと言う。天然のものを利用する昔からの習慣だが、近年、乳酸菌を活性化させる効果もわかってきたとか。

　機械を使わず、手で搾ることにもこだわっている。手伝いのマリリンさんと二人で、2時間かけて丁寧に行う。

　「じかに羊に触れることで、より絆が生まれるんだ。何より、私にとってリラックスできる時間だよ」

　1日に採れる羊乳は80リットル、愛情かけて搾られたミルクは甘くて濃厚だ。次にミルクタンクを工房まで運び、チーズ作りを開始する。こちらもほぼ手作業だ。ミルクを大鍋で火にかけ、固まったチーズから水分を抜くときも手で30分ほどかき混ぜながら状態を確認する。

　「手がいちばんいい。温度計は使わずに、手で感じるまで混ぜ続けるんだ。チーズの状態を観察して、火を止めるんだよ」

　腕全体を鍋に沈め、しばらく待つとチーズが手にくっつく。これが火を止める合図だ。20分後、底に溜まったチーズをかき

集める。これは試行錯誤の末、12年前にたどり着いた作り方。空気に触れぬように鍋の中で塊を作ると、乳酸菌の働きによって、よりおいしくなると言う。

「こういうやり方は初めて。まったく見たことがない」

とファビアンさんは絶句する。そうして

固まったチーズは熟成庫で寝かせる。熟成することでミルクの成分が分解し、複雑な味わいが生まれる。手間暇がかかるので、1日に作れるのは、わずか5個。

「ときに自分でも感動するチーズが生まれることがある。何にも代えがたい体験だよ」

羊飼いの笑顔は、自信に満ちていた。

「あるがままに」羊飼いのチーズには哲学があった

極上チーズ

「手で感じるまで混ぜ続けるんだ」

幻のチーズから
「分かち合う」という考え方を学ぶ

心震える味とのめぐり逢い

　大自然に抱かれて育った命の恵みをいただき、ジャン＝ベルナールさんの手間暇かけて作られた、幻のチーズ。熟成期間を経て熟成庫から取り出したものを、いよいよファビアンさんが試食する時が来た。切って匂いを嗅ぎ、手でもちぎってみる。

「いい手触りだ」

　口に運び、ゆっくり嚙んでいく。1回、2回……笑顔で、すぐには言葉が出ない。

「めちゃくちゃおいしい。繊細だし塩加減もちょうどいい。すごくリッチだし、本当においしい……（しばらく嚙んで）まだ口の中に残っている。ダンスしているみたいだ」

　期待以上の味、ようやく出会えた本物に、ファビアンさんは感慨深げ。

「これは正直言うと、感動するもの。完全に感動できるチーズ。このチーズがあるからここまで来た」

　世界一のフロマジェも、喉から手が出るほど欲しい品。果たして分けてもらえるのか……？　慎重に切り出してみる。

「とってもおいしかったよ。ありがとう。いつかぼくにも、少しだけ分けていただけますか？」

「地元の人の分もちゃんと取っておきたいんだ。でも、君が日本にちゃんと届けてくれたら、これまで出会えなかった人とも分かち合えるし、関心を持ってもらえるかもしれないね。もしかするとチーズ作りを志す若者を目覚めさせるかもしれない。この生き方を選んでみよう、信じてみようと思うような。だから、少しだったらいいよ」

　夢のような答えに、ファビアンさんから

トウモロコシのガレットに豚ハムと自家製チーズ。羊飼いのまかない料理

笑みがこぼれる。彼の熱意が、ジャン＝ベルナールさんの心を動かしたのだ。「分かち合う」というジャン＝ベルナールさんの言葉は、この世界すべてのことにも通じているように感じられた。

チーズもやっぱりハートが大事

うれしい契約成立のあとは、ジャン＝ベルナールさんからご褒美が待っていた。マリリンさんお手製の、トウモロコシのガレットと、豚ハムと自家製チーズ。忙しい仕事の合間にも手軽に食べられる、チーズ生産者にとって伝統の"まかない料理"のようなものらしい。
「羊飼いはこういうものを食べているんだよ」
「いいですね。とてもおいしいです」
シンプルで飾らない味に、二人の心が一つになる。ファビアンさんの口から、心を込めた日本語が思わず飛び出した。
「ありがとうございます」
素朴な生活の中で、丹精込めて作られた奇跡のチーズ。それを自然の恵みとして「分かち合う」ことについて、ファビアンさんは思いを馳せる。
「今は温暖化で冬が短くなって、動物を外に出す季節も変わってきている時代。季節によって手に入るもの、入らないものがあるのも当然なのですが、何でもすぐ欲しいという人が増えると、羊のリズムも変わってしまう。もっとみんながこの自然の恵みを"分かち合う"という考え方を持ってほしい」
チーズだけでなく、ジャン＝ベルナールさんとの信頼関係は、この旅で得た貴重な財産だ。
「彼は人間としても素晴らしい人。実はチーズも、味だけじゃなく、人が大事なんです。どんなにおいしいレストランでも、サービスが悪いともう行く気がしないでしょう？ チーズも同じで、チーズを愛する人、ハートがある人、その人柄が大事なんですよね。真面目すぎてつまらない人もダメだから、彼のように嘘なく、人生を楽しんでいる人は最高ですね」

ホームタウン、ル・マンで
"ぼくのお店"を始める

世界的な危機から再起を懸けて

2021年6月、ファビアンさんは故郷のル・マンにいた。ここで、自身がオーナーとなる初めてのチーズ店をオープンしたのだ。

'18年にフランスに帰国後、自らの会社を起こし、フロマジェとして、三ツ星レストランや自治体イベントなど世界中から依頼を受け順風満帆だったファビ

アンさんだが、世界的に流行した感染症の影響で外食産業が危機に瀕し、'20年には9割の仕事がキャンセルになってしまった。

「お店は、いつかやろうとは思っていましたが、直近の夢ではなかった。でもこういう状況になったら、ふるさとにお店をつくるしかないかな……と思いました」

少し消極的な選択肢だったが、やるからには手を抜かないのがファビアンさん。チーズは地下に熟成庫をつくり、その審美眼で選んだこれぞという品を自ら熟成。マリアージュ知識を生かすため、チーズに合うワイン、日本酒、ビール、それにわさび、山椒などの和のスパイスをそろえ、さまざまなマリアージュを提案している。生産者の顔も知りながらここまでできるお店は、国内でも少ない。店名の「Fromage et ses amis」は"チーズとその友達"の意。これだけで、マリアージュに強いことがわかる仕掛けだ。さらに店内には、人が集まってチーズに関するセミナーを開催できるようなスペースも設けた。この界隈でもちょっと特別なお店なのだ。

ママとパパとファビアンさん

マルシェで働いていた若いパパとママ

"スターの帰還" にわく地元

　ル・マンは、パリからTGVで1時間ほど西に行った、人口14万人の古都。町のシンボル、サン゠ジュリアン大聖堂では、6世紀から人々が祈りを捧げる。その前のジェドー広場、いわば町の中心地で開かれるマルシェで、かつてファビアンさんのご両親はチーズを売っていた。ファビアンさんはそこから歩いて5分のサルト川沿いにお店を構えたのだ。

　幼少期から庭のように遊んだエリア。世界的なフロマジェとなって"凱旋"帰郷したファビアンさんのもとには、オープン当初からお客さんが詰めかけた。

　「地元の方を中心に、予想以上にいらしていただいています。ワインと、日本酒も売れています。とてもありがたいことなのですが、みなさん『このチーズにはどんなお酒が合うの?』とか、いろいろ聞かれるので対応していると、どんどん行列になってしまって……。全員を満足させるのは難しいですね(笑)」

　うれしい悲鳴で大忙し。睡眠時間を削って働く毎日だが、秋冬のチーズ業界繁忙期に向けて、スタッフの補充をしないと回らなくなりそう、と苦笑する。

　「今はセミナースペースからウェブ経由で世界に発信していますが、いずれはここに

お客さまを入れて、本格的にビジネスを始めたい」

　わざわい転じて福となす、となるか。予定外の進路変更を図ったファビアンさんの、チーズをめぐる冒険はまだまだ続きそうだ。

☆ファビアン流チーズアレンジ

アレンジ1　赤胡椒

①ブッシュ・ド・シェーヴルを半分にカット。
②マダガスカルの野生の赤胡椒「ヴィチペリフェリ」を砕いて断面にまぶす。
③チーズでサンドイッチし、粒状の赤胡椒をトッピング。
　赤胡椒がチーズのアクセントになる。

アレンジ2　わさびパウダー

①ブリア・サヴァラン・フレを半分に切る。
②わさびパウダーと昆布粉、塩をミックスした粉を挟む。
　辛口でとろみのある日本酒にピッタリ!

ル・マンのチーズ屋さんに生まれて
日本でチーズの修行をする

チーズに夢は抱いていなかった幼少期

　ぼくの両親はル・マンの旧市街にあるサン=ジュリアン大聖堂前広場のマルシェでチーズを売っていました。毎朝早朝から忙しく働いていて、小さいころは兄と二人で留守番係。忙しい冬はマルシェを手伝うことも多かったし、顔見知りもいっぱいいるので、食材の知識は自然と頭に入ってきました。

　一方、ぼくの幼少期である1990年代にはスーパーマーケットが台頭し、人々はマルシェや個人商店には行かず、スーパーで買い物を済ませるようになってきたころ。うちの店も経済的につらくなってきていました。ぼくはもちろんチーズが好きだったけれど、世間では「食べ過ぎると太る」なんて言われていたし、両親を見ていたから、ビジネスとしてそんなに成功できるようないいイメージは抱いていなかった。パパもママも「ほかの仕事、もっと楽しい仕事をしたらいい」なんて言っていました。

　友達の影響で日本のアニメやゲームを知ったり、父や兄と一緒に空手教室に通ったりで、何となく日本の文化に興味を持って、高校生のころには、日本とフランスを結ぶ輸入関係の仕事ができたらいいな、くらいに思い始めました。フランスには日本のアニメやゲームのオタクがいっぱいいますが、ぼくはそれほどでも。日本に10年いたけれど、秋葉原も2回ぐらいしか行ってませんし（笑）。

　それで高校を卒業後、パリで日本語と経済を学びました。そしてパリで行われ

た農業祭のイベントで、日本のチーズ輸入販売会社フェルミエ創業者の本間るみ子さんと出会います。

日本では敬語、謙譲語に苦労しました

本間さんに「日本に来たら連絡して」と声を掛けられ、ワーキングホリデーで日本に1年ぐらい滞在するのもいいかもしれないと軽い気持ちで考えたぼくは、2008年、24歳のときに初めて日本へ。まずはデパ地下に出店しているフェルミエの店舗でアルバイトとして働くことからスタートしました。

日本語の学士号を取得してからの来日だったので、着いた時から日本語はそれなりに話せましたが、敬語、謙譲語には苦労しました。フランスのチーズの名前を普通に発音しても通じず、たとえば「Roquefort」は「ロックフォール」と日本語っぽく発音しなければ聞き取ってもらえないのも、慣れるまでは大変でした。

またフランスにいた時は国内か、スイス、イタリアのチーズぐらいにしか詳しくなかったのですが、日本ではオランダ、ドイツ、イギリスやスペインと、多様な国のチーズを取り扱っていると知り、「こんなにいっぱいあるんだ！」と、あらためて勉強することになりました。'08年当時はインターネットで得られる情報も今ほど多くなかったので、日本語の本での勉強です（笑）。結果、それが漢字の勉強にもなりましたね。

街のシンボル、サン゠ジュリアン大聖堂

極上チーズ

日本で頑張った日々が世界一のフロマジェにしてくれた

日本式接客が実力を鍛えてくれた

接客も戸惑いの連続でした。すごく優しいお客さまもいれば怖い人もいて、「お客さまは神さまなので理不尽な対応をされても黙って従う」というのはフランスにはない考え方。また、どんなお酒と合わせたらいいのか、日本酒だったら何の銘柄か、ハチミツは何と合わせれば？ など延々質問されることも多く、答えられるように必死で勉強する必要もありました。フランスではチーズなんてそのまま、あっという間に食べ切るので、きかれることもありませんでした。

そこで、週1回は朝にデパ地下内の他店舗を回って、旬でおすすめのもの、セールのものなどをチェックするように。「このコンテはそこのお肉屋さんにある札幌の豚を焼いて合わせるとおいしいです」とか「あのパン屋さんに今週出ているそば粉のパンと合いますよ」などとお伝えすると、とても喜んでいただけるようになりました。こうした経験を重ねることで、毎日自然にマリアージュを考えるようになれたのは、大きな収穫だったと思います。

そんな日本での日々は、やることが多すぎて、でもがむしゃらに頑張っていたので、滞在期間も「あと1年」「あと1年」と延ばしていくうち、結局10年にも及びました。ポジションも、デパ地下店のアルバイトから店長、愛宕本店の店長にと変わり、フロマジェという仕事の楽しさを実感するようになりました。

"チーズとその友達"が店名のファビアンさんのお店

世界最優秀フロマジェコンクールで優勝！

　'15年に世界最優秀フロマジェコンクールで優勝できたのも、日本でのそうした経験が役立ったことは間違いありません。ペーパーテストのあと、チーズのカッティング、盛り付け、マリアージュ提案、チーズ料理作りなど多岐にわたり審査する内容でしたが、普段から店頭でスピードとサービスの質を求められてきた環境が、自然にぼくを鍛えてくれていたんですね。フランスにずっと住んでいたら絶対、世界一にはなれていなかったと思います。

　日本で得たたくさんの自信を糧に、'18年、帰国してフロマジェとして独立しました。'19年には有限会社を設立。日本に限らず中国や韓国、シンガポールやニューヨークでも仕事をしてきました。新型コロナウイルスの流行で世界中のレストランがクローズになるまではね……。それでも人々がレストランに行かなくなったぶん、家で食事を作ることが増えたので、お店を始めることにしたんです。

注目しているのはイギリスのチーズ

ハードタイプのチェダーに注目

　世界中、いろんな国をめぐってチーズ生産者さんと会ってきました。今ちょっと面白いなと思っているのがイギリスのチーズ。'20年4月には訪ねる予定だったんですけれど、それもキャンセルになっちゃった。現在はBrexit（イギリスのEU離脱）の影響で渡航もちょっと大変だし、輸入のルールや手続きが変わってしまって、フランス国内でも手を出す人が減ってきているんです。

　中でもハードタイプのチェダーが注目。世界中で作られていますが、イギリスが本家。ウイスキーやビールに合います。青カビ系のチーズも品質がいい。イギリスはロックフォールのように羊のチーズが多いので、その辺りを今後はもっと開拓したいです。しばらくは直接訪ねられないけれど、毎週ロンドンの輸入会社と連絡を取り合って情報を得ています。

おいしいチーズを作る三大要素

　日本のチーズでは、北海道の共働学舎新得農場のチーズや、広島の三良坂フロマージュがお気に入り。ともに、その土地でしか作れないチーズ作りに挑戦しています。日本では食品衛生法上、原乳を殺菌しないといけないので、フランスよりは味が薄いのが特徴ですね。

　チーズの質を左右する三大要素は、牛や羊がどんな餌を食べているかと、動物の居心地と、生産者の製法ですね。おいしい草で育てばおいしい牛になって、生産者が上手にやれば、おいしいチーズになる。だから、生産者の情熱と技もとても大事。だからぼくはなるべく生産者に会って、いろいろ話してみたいんです。今は行きたいメーカーさんのリストが溜まっているので、早く自由に世界中を飛び回れる日々が戻って来てほしい、と願っています。

ファビアン・デグレさんへ10の質問

· ·

❶ 子供のころの夢は何でしたか？
サッカー選手だったけれど、10歳ぐらいでそれは無理ってわかった。ジダンは今でも憧れの選手。会えたらうれしい！

❷ 初めての外国はいくつのとき、どこに行きましたか？
6歳のとき、両親とイタリアのミラノへ。3日間ぐらいだったけれど、当時はEU共通通貨もなかったし、イタリア語も英語も話せないし、冒険でした。

❸ 駆け出しのころの自分に言ってあげたいことは何ですか？
夜、友達とビールを飲む時間があったら英語とドイツ語を勉強しろ！かな。ここ最近は勉強したくても時間がないので、もったいなかったな。

❹ 自分の性格でいちばん自慢できるところは？
いつも変わらないところ。お店で販売するときも、友達とビール飲むときも同じ自分です。やんちゃで怒りやすくて、笑うのが好き。

❺ 夜眠れなくなるような不安や悩みはある？
今は疲れすぎてすぐ寝ちゃう。不安を抱いている時間もないですね。仕事では悩まない！不安があっても、死ぬわけじゃないから。

❻ 仕事をする上で大切にしていることは何？
楽しみながら接客すること。自分でも楽しむために、情熱を持ってお客さまと深く接すれば、みなさん必ずまた訪れてくれる。それはフランスも日本も、世界どこでも同じで、ハートが大事。

❼ リフレッシュするには何をしますか？
空手などの格闘技をジムで習うこと。仕事では人に教えることが多いけれど、ジムでは毎回勉強。仕事以外のことで勉強すると、不思議とリフレッシュになります。

❽ 旅に必ず持っていくものは何ですか？
歯磨きとナイフ。ナイフは山用のを1本ポケットに入れておくと、仕事のときに重宝します。

❾ 世の中にもっとあってほしいモノは？ 減ってほしいモノは？
「何でも、すぐ欲しい」というわがままな考え方は減ってほしい。今地球にはすべてあるはずなので、少ないものは分け合えればいいなと思います。

❿ 明日やりたいことは何？
朝4時起きでチーズを見に行く予定がキャンセルになったので、8時までゆっくり寝たい！

ファビアン・デグレ *Fabien Degoulet*

フロマジェ。1984年、フランス、ル・マンの代々続くチーズ販売業の家に生まれる。パリの「国立東洋語文化学院」で日本語と経済を専攻。日本のチーズ専門店フェルミエの本間るみ子さんと出会い、2008年、日本へ。フェルミエで日本語とチーズについて学び、2015年、世界最優秀フロマジェに。現在はル・マンで自分の店を始めた。著書に『フロマジェが教えるおいしいチーズの新常識』がある。

写真協力：Fabien Degoulet　text：magbug

東由香里さん&設樂真也さんと行く

アメリカン ヴィンテージ家具を 探す旅

アメリカンドリームが現実だったミッドセンチュリー、アメリカでは良質で遊び心のある家具がたくさん作られた。その魅力に取りつかれ、アメリカンヴィンテージ家具を35年前から扱ってきたACME Furniture。年々数が減っているだけに、名品がどこかに眠っていないかと、カリフォルニアの青い空の下、情報と足と情熱でアクメのバイヤー、東さんと設樂さんがLAへ出かける。

アメリカが最も豊かだった
ミッドセンチュリーの家具に宿る夢を探す

遊び心のある家具が流通した時代

　マリリン・モンロー、オードリー・ヘップ
バーン、グレース・ケリー、アメリカを代表
する女優が活躍した1950年代。それは、
「ミッドセンチュリー」と呼ばれる家具や
インテリアデザインの黄金時代でもある。

　第二次世界大戦が終結し、戦勝国で
あるアメリカは世界のGDPの4分の1を
占める超大国となった。戦時中の軍需産
業から生まれた、木材やプラスチック、ス
チール加工など新しい技術が、建築家や
デザイナーによって家具や住宅へと応用
され、新しい家具や工業デザインが次々
と世に送り出された。

　「国の豊かさでたくさんの家具が作ら
れ、そこにたくさんの兵士たちがアメリ
カに戻ってきて、次は自分たちの家庭を
作ろうと動き出したので住宅と家具の需
要が非常に高まったんですね。多くの家
具メーカーが生まれ、新しい家具が生み
出されたのがミッドセンチュリーだと言
えます」

　そう教えてくれたのは、アメリカンヴィン
テージ家具の輸入とオリジナルプロ
ダクトを扱う老舗「ACME Furniture
（アクメファニチャー）」の若手バイヤー
東由香里さん。自宅でもヴィンテージ家
具に囲まれて暮らしているという。ロサ
ンゼルスの旅では先輩バイヤーの設樂
真也さんとともにヴィンテージの家具と
雑貨を買いつけていく。チームは3人で、

買いつけ、搬入を繰り返し、現地で借り
ている倉庫へトンボ帰りの日々が約2週
間続く。とにかく40フィートコンテナを
いっぱいにして帰らなければいけない。

　「LAといってもヴィーガンとかじゃなく
て、がっつり肉食ですね」と設樂さん。

　体力勝負の旅なのだ。

新品にはないヴィンテージ家具の魅力

　アメリカが最も豊かな時代、チャール
ズ＝レイ・イームズ夫妻をはじめ、ジョー
ジ・ネルソン、エエロ・サーリネンなど、
建築家やデザイナーが新たな時代の
理念を築き、新しい豊かな暮らしを提
案。時代の気運も高まって、デザイナー
たちはこぞって新しいデザインに挑戦。
同時に家具職人たちは、デザイナーた
ちの要求に応えようと技術を研鑽して
いった。

　高級な木材がふんだんに使われ、家具
職人たちの高い技術力と、デザイナーた
ちの遊び心により斬新なデザインが施さ
れたこの時代のヴィンテージ家具は、決
して新品にはない魅力がある。

　「ヴィンテージ家具は、素材の木材も全
然違い、職人さんの仕事も丁寧なので、
触るとすぐにわかります。また、家具には
いろんな人が使っていた痕跡があり、傷
にも使っていた人の生活が現れていて、
一つとして同じものがありません。それも
魅力の一つです」と東さん。

40フィートのコンテナをいっぱいにしなければ帰れない

ヴィンテージ家具

Research of Los Angels

ロサンゼルス

アメリカの西海岸、カリフォルニア州の南部に位置する大都市。西は太平洋に面し広大な平地が広がる。1920年以降に周辺のハリウッド、ビバリーヒルズ、サンタモニカなどを編入し、急速に発展。石油精製、航空機製造、コンピューターなどの工業のほか、観光地としても知られる。

ハリウッド

カリフォルニア州南部、ロサンゼルス北西部にある地区。映画、テレビ、ラジオなどの撮影所やスタジオが集中する。エンターテインメントの中心として世界的に有名。

オーハイ

カリフォルニア州ベンチュラ郡の都市。ロサンゼルスから車で約1時間半、ロス・パドレス国立森林公園に隣接する隠れ家的な街。山の上には瞑想スポットがあり、完全菜食ヴィーガンカフェ、パワースポットとも言われている「ローズバレーの滝」、世界で最も美しい本屋さんBart's Booksなどがあり、アーティストもたくさん住んでいる。

パサデナ

カリフォルニア州ロサンゼルス郡、ロサンゼルスの北東に位置する高級住宅街。全米学生フットボール選手権（ROSE BOWL）の開催地としても有名。

オレンジ

カリフォルニア州の南部にあるオレンジ郡オレンジ市。オールドタウンには100を超える店があるアンティークモールがある。同じ郡のアナハイムにはディズニーランド・リゾート、エンジェルスタジアムがあり、カリフォルニア州立大学をはじめ大学も多い。サーフィンスポットも数多くある。

ロングビーチ

カリフォルニア州南部、サンペドロ湾をのぞむ港湾都市。海水浴場だったが1921年の石油の発見により、飛躍的に発展。観光、保養都市としても有名。

オーハイ

LOS ANGELS
ロサンゼルス

パサデナ

ハリウッド

マリブ　ビバリーヒルズ　ロサンゼルス

サンタモニカ

ホーソン

アナハイム

ロングビーチ

オレンジ

ラグナビーチ

ヴィンテージ家具

お皿を飾るための溝がある

バックグラウンドもユニークなサラとリサ

取手が美しいブラウン・ソルトマンのキャビネット

伸長式のテーブル。コレクター所蔵

ヘイウッド・ウェイクフィールドのキャビネット。
コレクター所蔵

ハリウッドセレブ御用達のショールームで
ヴィンテージ家具の流行をリサーチ

ハリウッドセレブ御用達の家具店で

　まずはヴィンテージ家具のトレンドをリサーチする。東さんと設樂さんが訪ねたのは、ハリウッドセレブや有名歌手御用達の店Iridium Interiors（イリジウム・インテリア）だ。

　この店はサラ・ヘインズとリサ・スタウガードの二人の女性が2015年にオープンした。インダストリアルデザインを学んだサラと、化学とマテリアルを専攻したというリサ。彼女たちのバックグラウンドも家具や雑貨のセレクトにユニークな視点をもたらす。流行には左右されず、長く楽しめるセレクトはハリウッドでもお墨付きだ。ショールームはロサンゼルス国際空港にほど近いホーソンにある。

　「私たちのこだわりは材質です。しっかり作られていて、自分のセンスに合ったものを選んでいます」とリサ。

　「みんなにヴィンテージの素晴らしさを知ってもらえたらと思います」とサラ。

細かいパーツまでオリジナルにこだわる

　東さんが最初に目を留めたのは、アメリカを代表するデザイナー、ポール・マッコブ（1917〜69）がデザインしたデスクだ。設樂さんと相談をしながら、慎重に細部のパーツをチェックする。

　「よく見たら新しい把手を後から付け足していました。ヴィンテージ家具によく

あることなんですが、パーツも当時のオリジナルにこだわりたいですね」

　次に目に留まったのは、幻の家具メーカーと名高いブラウン・ソルトマンの棚。ジョン・キール（1920〜）やギルバート・ロード（1894〜1944）といった有名デザイナーを起用し、マホガニー等の高級素材を用い細部にまでこだわった家具を発表したメーカーで、現在もヴィンテージファニチャーファンからの評価は高い。

　「棚板の奥を見ると溝が切られています。この溝は、お皿などを立ててディスプレイするためのもので、'50年代〜'60年代の食器棚にはこういう加工がついているものが多いです」と設樂さん。

　一見、無駄だと思われてしまうような贅沢な遊び心。これこそ、ミッドセンチュリー家具の醍醐味なのだ。

　「シンプルなデザインに見えても、中を開けてみると細工が施されていたりして、単に機能だけを追求したのではない、当時の職人の遊び心が感じられます」

刻印あり。コレクター所蔵

ヴィンテージ家具

Mission 2
デザイナーのセンスと職人の技が生みだした
ミッドセンチュリー家具を探す

人気のラッセル・ライトのチェスト

　エンターテインメント一色に包まれるハリウッドには、世界中から映画ファンが訪れる。次に向かったのは馴染みのハリウッド地区にあるヴィンテージ家具店の Sunset Bazaar（サンセット・バザール）。市内にはこうしたヴィンテージ専門の家具店が多く存在するが、この店は商品の回転が早く、買いつけの度に新しい家具に出合える。

　二人は常連客しか入れない、仕入れたばかりの家具がある店の裏へと通された。そこで東さんはチェストに目を付けた。
「シンプルなデザインの中に力強さがある、丸みのあるフォルムもいい」

　この家具をデザインしたのはアメリカを代表するインダストリアルデザイナー、ラッセル・ライト（1904〜76）。セラミックのテーブルウェアが有名だが、家具やテキスタイルなど活動の幅は広く、ミッドセンチュリーのアメリカの家庭の雰囲気を大きく変えた人物のひとり。アール・デコを基調とした家具シリーズなど、美しい曲線を生かしたデザインを発表した。このチェストは1950年代に作られたという。
「メープル材の質もいいですね。生活の痕跡が残るこういう家具を現代の生活空間に置くことで、一段と生活に深みが出ますよね」と東さん。

　次に二人は、ヴィンテージディーラーのところで日本人に人気のあるDrexel（ドレクセル）のチェストを見つけた。ノースカロライナで1903年に創業した高級家具メーカーのDREXEL Furniture Co.（ドレクセル・ファニチャー）。流麗な曲線を生かしたゴージャスなデザインが特徴で、シンプルなデザインのものでも把手や金具などのパーツに施された細工は凝ったものが多い。

メンテナンス技術で家具は生まれ変わる

　この家具には高級木材のウォールナットが使われている。
「昔の木はとても質がいいし、家具職人の腕もよかったんだよ。職人たちは家具を自分の家に置くことを想像していい家具にしようと思いをこめて作っていたんだ」と店主が説明する。

　ヴィンテージ家具を長年使い続けるためには、メンテナンスが必要だ。しかし素材が良質なミッドセンチュリーの家具は、職人が少し手を加えるだけで極上の家具へと生まれ変わる。家具のメンテナンスも手がける設樂さんはこう言う。
「ぼくらは仕入れた家具をメンテナンスして販売するので、どういう家具が手を加えればよくなるかを見極めて仕入れます。ウォールナットなどのいい無垢材を使っている家具は、多少やすりをかけたり削ったりしても全然大丈夫。ヴィンテージ家具を見ていると、素材も技術も高いものが多いので、これを今作ったらいくらになるんだろう？　と思わされます」

1950年代のラッセル・ライトのキャビネット。メープル材で作られている

今だったら、2,000～3,000ドルはするよ

昔の職人は腕もよかった

ヴィンテージ家具

ドレクセルのチェストをセットで購入

迷ったら買うが鉄則。
パサデナのフリーマーケットで争奪戦に勝つ

懐中電灯片手に蚤の市で家具ハント

　ロサンゼルス北東に位置する高級住宅街、パサデナへ。ここでは月に一度、全米最大級の蚤の市 Rose Bowl Flea Market（ローズボウルフリーマーケット）が開かれる。約2,000軒が出店する市には、家具、ジュエリー、食器、古着などさまざまなアイテムが並ぶ。設樂さんと東さんが必ず訪れるマーケットは、ヴィンテージバイヤーたちにとっては外せないスポットだ。

　一行が宿泊先を出発したのは、朝3時だ。まだ外は真っ暗だ。しかしマーケットへの期待から東さんは「早く行って買いたいですね」と興奮気味だ。

　マーケットの開場は朝の5時。ここでは時間ごとに入場料が定められており、朝一番は業者や買いつけの人たちが多く、争奪戦になるという。5時少し前に現地に着くとすでに行列ができていた。

　ゲートが開くと同時に懐中電灯を片手に小走りでお目当ての店舗へと向かう。開場直後は出店者もまだ荷下ろし中だったりする。他の誰かの目に留まる前に、いい商品を買いつけたい。

　ふと東さんの目に留まったのは世界中にファンがいる Heywood-Wakefield（ヘイウッド・ウェイクフィールド）のテーブルセット。すると他のバイヤーも同じ商品を見ていた。悩む暇はない。東さんは3分もかからず即決。業者に声を掛けた。

　「迷ったら買う、が鉄則ですね。悩んで一周回って戻ってきたら、もう商品はありませんから。本当に一期一会だと思います」

置かれた空間やメンテナンスも考える

　次に東さんが足を止めたのは、ガラス戸のついた本棚だ。これは Macey Co.,（メイシー）というメーカーのもので、もともとは弁護士の書類棚として使われていたという。しかし東さんは、ガラス戸を利用して飾り棚として活用できるのではと考えた。

　「仕入れのときには家具一点のことだけではなく、空間全体でどうすれば現代の生活とうまくミックスさせられるかを常に考えています」

　同じ店で今度は設樂さんが家具メンテナンスに使える'60〜'70年代のヴィンテージテキスタイルを見つけた。家具を修理して販売する際、布は傷みやすく張り替えることも多いが、同時代の布とは相性がいい。

　年代物のヴィンテージ家具は汚れや傷を補修するとさらに価値があがる。そうした家具補修のパーツをマーケットで探してくるのもバイヤーの重要な仕事なのだ。

朝3時出発。
懐中電灯は買いつけの必需品

ヘイウッド・ウェイクフィールドのテーブル発見！

ヴィンテージ家具

椅子の張り替えにも重宝する布類

Mission 4

SNSで見つけた陶芸作家から 温もりのある雑貨を買いつける

インスタで見たオーハイの陶器を探して

ロサンゼルスから北西へ150キロ、約1時間半ほど車を走らせたオーハイという街へ。ロス・パドレス国立森林公園に隣接する自然豊かな街で、感度の高いLAの人々が週末にリラックスしに訪れるという。また、この地に工房を構えるアーティスト

自然環境が抜群で、アーティストも多く住むオーハイ

やさしい温もりの作品

も多く、ギャラリーやベジタリアン・ヴィーガンカフェ、雑貨店なども充実している。

今回オーハイの街を訪れるきっかけとなったのは、一人のアーティストを訪ねるためだ。南カリフォルニアの土を使って陶芸作品を制作するアリソン・アンダーソンさんは3年前に自然豊かな環境で子育てをしたいと移住した。現在は自宅のガレージを工房にし、豊かな自然の中で作品制作に勤しむ。東さんはアンダーソンさんの作品を見たとき、心惹かれた。

「彼女の作品はインスタグラムで一目惚れしてしまったんです。色も風合いも柔らかい印象で、見ているだけで癒されます」

作品制作には、周囲の自然が欠かせないとアンダーソンさんは言う。

「ここは周囲が山に囲まれた渓谷なんです。日が暮れるとき、山肌に太陽の光が反射して移り変わっていく色を見ることができます。その光や山から、いつもインスピレーションを受けています」

アンダーソンさんの工房へ向かう道中も決して無駄にはしない。東さんは、事前にリサーチをしていたインテリアショップdeKor & co（デコール＆コー）へと立ち寄り、仕入れとリサーチを行う。

購入したのは、古いベッド用の布をリメイクしたクッションだ。Summer Camp（サマー・キャンプ）では、ディスプレイ方法やコーディネートもくまなくチェックし、日本の空間にはどう生かせるかに思考をめぐらせる。休む暇はない。

南カリフォルニア最大の
アンティークモールで雑貨を探す

ヴィンテージでも今の生活に使えるものを

ロサンゼルスの南東に位置するオレンジ市。街の中心部には、南カリフォルニア随一というアンティークモールが立ち並ぶ。目当てはヴィンテージ家具に合う雑貨である。店内は細かいブースに分かれており、100以上の店がオリジナリティを競う。

「60〜70年前の家具なので、合わせる雑貨は同じような時代のものだと合いやすいですね」

アメリカらしい厚みのあるガラスの器を見つけた。もともとは食品を保存する容器だが、東さんはそれを小物入れとして提案してみようと考えた。そのように従来とは違う用途で使うことで、古いアイテムに命を吹きこむこともしばしば。東さんは、単に古いものに価値を見出すのではなく、現代の生活で活用できる価値の転用にも常に考えをめぐらせている。

もう一つ、このモールで探しているものがあった。ネイティブ・アメリカンの雑貨だ。ナバホ族やプエブロ族、ホピ族等、ネイティブ・アメリカンの工芸品は、手作りで素朴な味わいで、ヴィンテージ家具のある空間にぴったりだ。しかし、よく見極めないと単なる土産物を手にしてしまうことも。東さんは、厳しく目を光らせてものを見る。

結局このモールでは見つからず、別の場所でプエブロ族のウェディングベースを手に入れた。不思議な形にはいわれがあるのだという。

「片方から新婦が、もう一方から新郎が飲んで、最後に二人で一緒に飲むんですけど、こぼさずに飲めれば将来長く一緒にいられるそうです」

ヴィンテージ家具

プエブロ族のウェディングベース

Mission 6

旅の途中で次の旅につながる
ヒントを見つける

おしゃれなモーテルで新しい発見

「海外出張のときは目的のディーラーさんやマーケットだけでなく、偶然立ち寄った店が素敵だったり、旅の道中で思い掛けない発見があるのが楽しいです」と東さん。

今回の旅でも途中で立ち寄ったモーテルで大きな刺激を受けた。モーテルと聞くと、アメリカの田舎町にある寝るだけのホテルを想像しがちだが、最近は地元のアーティストの作品をセンスよく取り入れたおしゃれなモーテルもあるという。

「知り合いのアーティストがデザインした照明の納品先として、この Ojai Rancho Inn（オーハイ・ランチョ・イン）の名前は知っていたのですが、実際に中

を見せてもらったのは初めて。ナチュラルな素材を用いて色はブルー系でまとめている。すごく素敵ですね」

インテリアにも地元ロサンゼルスのアーティスト、ヘザー・レビンがデザインしたものを意識的に使用しているのだという。コーディネートもセンスがよく、東さんはいろいろなヒントを得た。東さんは言う。

「カーテンのつけ方一つにしても空間の見え方は全然違います。お店やモーテルなどで見たコーディネートやスタイリングのアイデアは、日本に戻ってから役立てたいなと思います」

買いつけの旅はものを買うだけではない。現地の雰囲気や空気をまるごと吸収し、仕事のインスピレーション源として貯めているのだ。

ヘザー・レビンのランプ

使うことでモノは生かされる

エステートセールという文化

　アメリカには1970年ごろから一般的になった「エステートセール」というものがある。家主が亡くなった際に、家にある家財道具や不用品をそのまま販売して、処分する遺産整理の方法で、引っ越しの際に行われることもある。会場となるのは売り主の家だ。遺品を購入することに抵抗感を持つ人は少ないのだという。もともと個人宅でガレージセールが行われたり、フリーマーケットがさかんなアメリカらしい合理的な文化である。「資産家のお家のエステートセールなどでヴィンテージの家具が出ることも少なくありません。ぼくらがここで仕入れることは少ないですが、取引のあるディーラーさんがエステートセールで仕入れていることもあります」と設樂さん。

　家主のおばあさんが亡くなったため、専門業者がセールを開催していた、あるエステートセールでは、訪れる客は業者もいるが、ご近所の一般の方が多い。エステートセールの情報は、会場前の看板やインターネットで告知され、掘り出し物を探して多くの人が集まる。

　エステートセールに来ていた年配の女性は、「他の家にあったものを使いたがらない人もいますが、私は気にしません。椅子やテーブルなど、家の家具はすべてエステートセールのものです」という。

　また若いカップルは、「私たちは1953年に建てられた家を購入したばかり。ここで古いものを買って壁に飾りたい。誰かが大切に使ってきた歴史があるなら、それを受け継いでずっと大切に使いたいと思う」とのこと。

　エステートセールの需要は年々高まり、15年前に比べ、業者の数は6倍以上になっているという。家具や道具といったものに持ち主の歴史が刻まれ、次の人へとバトンが渡される。この精神がアメリカのヴィンテージ文化を育んでいるのだろう。

ヴィンテージ家具

アップサイクルして
世界に一つのカスタム家具を作る

世界に一つだけのカスタム家具

　最終日に彼らがやってきたのは、ロングビーチのフリーマーケット。

　設樂さんはヴィンテージ家具のバイヤーでありながら、カスタム家具の制作も担当している。アクメではヴィンテージ家具と同じくらい、世界で一つのカスタム家具の需要も高い。

　ロングビーチのフリーマーケットを物色しながら、設樂さんは頭の中でアイデアを膨らませる。

「これ、かわいいな」

　楽器ケースに足を取り付けたテーブルに目をつけた。有名なジャズミュージシャンが使っていた楽器ケースだという。

　映画のフイルムリールにガラス天板を乗せ、サイドテーブルにカスタムしたものも。よく見るとHollywoodの文字が。さすが映画の街だ。

「ヴィンテージ家具を見る時の修理の考え方とはまったく違い、今回仕入れたベースをどう生かして新しい家具をつくり出すかを考えるのは、すごく楽しいですね」

　3時間ほど歩き回って、設樂さんはカスタム家具の材料を探し当てた。それはオフィスや学校にありそうなロッカーの扉だ。インダストリアルな雰囲気を持つこの扉をヴィンテージの木製家具に合わせるのだという。

「把手の形状やロゴプレートの箇所のデザインはヴィンテージならではのもの、これならワンオフのカスタム家具が作れそうです」

　マーケットで探し当てたものとヴィンテージ家具を組み合わせることで、まったく新しい価値が生まれる。ヴィンテージをアップサイクルして新しい命を吹きこむ。素材がよく、柔軟なデザインのミッドセンチュリーの家具だからこそできることなのかもしれない。

楽器ケースがテーブルに！

ヴィンテージ家具

カスタム家具ができました！

アメリカ村の古着が大好きでした

中学生のころから雑貨を探しにアメ村へ

　小さなころは絵を描くのが好きで、絵描きに憧れていました。でも、実家はごくごく普通の家です。雑貨などに興味を持ち出したのは、中学生ごろでしょうか。大阪・心斎橋にあるアメ村（大阪アメリカ村）全盛の時期で、古着が大好きでした。週末になると、友だちと連れ立って古着やアメリカ雑貨を探しに行っていました。今考えてみると、その時にたくさんのものの中から好きな逸品を見つける嬉しさを感じていたのかもしれません。

アメリカに買いつけに行きたい！

　デザインの専門学校を卒業した後は、服飾雑貨のメーカーで8年働き、転職してアクメに入社しました。ヴィンテージ家具やインテリア雑貨について本格的に学び始めたのは入社後です。教えてくれる先輩方もマニアックな人が多いので、どんどんハマりましたね。ヨーロッパの影響が強い1920年代も、機能と合理性と遊び心のあるミッドセンチュリーも、現代の雑貨も好き。どの時代がいいというよりは、商品自体から感じられるオーラをキャッチして、お客さまに届けられるといいなと思いながら選んでいます。ヴィンテージものだけではなく、セラミックアーティストのインスタもよくチェックしています。最近では、ヘザー・レビン、モーガン・ペック、ピラー・ワイリーなど。
　ヴィンテージ家具の面白いところは、一点一点味わいが違うことと、修理や手入れで生まれ変わること。いいものを長く、次の世代へと受け継いでいく。家具や雑

貨を通して、そうした文化も含めて伝えていければと思います。

東 由香里さんへ10の質問

❶ 子供のころの夢は何でしたか?
絵描き。幼稚園のころから、真っ白い画用紙に何か描こうとしたり、ハサミで何をどうやってつくろうと想像している瞬間が一番ワクワクしていました。

❷ 初めての外国はいくつのとき、どこに行きましたか?
6〜8歳のころ。家族旅行でハワイに行ったことが初めての外国です。ABC STORESのプラスチックバッグ・英語で描かれたサイン・カラフルなお菓子のパッケージ、わからない言語や人など、自分の知っていること（日本）と違うものに触れることに、弾んでいた記憶があります。

❸ 駆け出しのころの自分に言ってあげたいことは何ですか?
直感は、信じて大丈夫。

❹ 自分の性格でいちばん自慢できるところは?
特にないです。一緒に働いている人からはタフと言われますので、普段のお仕事や体力のいる買いつけでもタフなのかもしれません。

❺ 夜眠れなくなるような不安や悩みはある?
とくにないです。仕事のことを考えたり、何か調べていたら夢中になりすぎて明け方になっていたことはあります。

❻ 仕事をする上で大切にしていることは何?
人とのつながりと信頼関係です。

❼ リフレッシュするには何をしますか?
平日は料理。休日は睡眠・買い物・ドライブがリフレッシュになります。帰宅して料理をすると、頭の中が仕事のこと→料理の段取りへ切り替わり、プライベートのオフになります。

❽ 旅に必ず持っていくものは何ですか?
APOTHEKE FRAGRANCEのTIN CANDLE。持ち運びやすい缶に入ったソイキャンドル。ホテルやモーテルで好きな香りを楽しみます。

❾ 世の中にもっとあってほしいモノは? 減ってほしいモノは?
あってほしいモノは、デザイン家電。お部屋の中で、家具と照明など空間が素敵でも、たとえば冷蔵庫だけ異質に見えることがあるので、インテリアに馴染む家電がもっと増えて、自宅のインテリアに合わせる選択肢が広がったらいいなと思います。減ってほしいモノは、大量廃棄。

❿ 明日やりたいことは何?
早起きをして明日やることを完遂したいです。

ヴィンテージ家具

東 由香里 *Yukari Azuma*

大阪出身。大阪デザイナー専門学校卒。2012年入社。ポール・マッコブの家具が改めて素敵だなと思っています。マッコブの家具はメープル無垢材を使用しているものも多く、木肌がきめ細やかな肌触りと柔らかな印象が特徴。直線と曲線を組み合わせたシンプルで洗練されたシルエットは、70年経った今でもスタイリッシュで素晴らしい。丈夫で、しかも飽きのこないデザインはまさに一生モノです。

子どものころの夢は大工です

テレビでアクメの工房を見てすぐに応募

　大工さんが子供のころの夢でした。というのも、小さなころは人と話すのが苦手でずっと一人でモノと遊んでいて。自分の手でモノを作り出せる大工さんに憧れていました。

　現在の仕事との出合いは偶然。ある日テレビを見ていたらアクメのお店と工房が出ていて、そのときテレビに映っていた店の雰囲気に衝撃を受けたんです。なんだこれは！　と。ヴィンテージ家具や、伸長式のテーブルが紹介されていたんですが、それもカッコいいなと。そして番組の最後に、工房で家具修理のスタッフを募集していて、すぐ履歴書を書いて提出しました（笑）。

修理すると家具のディテールが見えてくる

　当時、家具修理のスタッフだけで十数名いたと思いますが、先輩方はみんなヴィンテージ家具好き、アメリカ好きな人たちばかりで。話を聞いているうちに、ヴィンテージ家具の面白さに惹かれていきました。

　日々、家具に触れているとヴィンテージ家具の造りのよさや、デザインの細部がわかるので面白い。たとえば、食器棚に皿をディスプレイする溝が彫ってあったり、棚の

前板や把手に装飾が彫られていたり。そうしたさりげない細工を見つけると、嬉しくなります。

　海外へ買いつけに行くのも、やっぱり楽しいですね。今回、「せかほし」の撮影スタッフの方が、英語でつっこんで取材しているのを横で聞いていて、「へえ〜」と思ったことがありましたので、英語はもっと話せるようにならないとな、と思いました。

　何十回行っても、行けばかならず新しいモノが見つかるし、新しい発見がある。ぼくらが感じている興奮が、少しでもお客さまにも伝わるといいなと思います。ただ、ヴィンテージは数に限りがありますから、次はロシアあたりを攻めてみたいなと。誰か伝手はありませんか？

設樂真也さんへ10の質問

....

❶ 子供のころの夢は何でしたか?

大工さん or ものづくり系の仕事（手に職）。しゃべるのが苦手だったので、モノを相手にする仕事で自分が手を動かした分だけ成果が目に見えることに興味がありました。

❷ 初めての外国はいくつのとき、どこに行きましたか?

18か19歳のときにアルバイトして貯めたお金で友人とグアム旅行へ行きました。到着初日に南の島のきれいな海ではしゃぎすぎて日焼けしてしまい、その後の滞在中は体中痛くて観光どころじゃなかったのがいちばんの思い出です。

❸ 駆け出しのころの自分に言ってあげたいことは何ですか?

Don't be shy.

❹ 自分の性格でいちばん自慢できるところは?

楽観的なところですかねー。

❺ 夜眠れなくなるような不安や悩みはある?

不安や悩みで眠れなくなることはないですが、良い商品企画やアイデアなど、ポジティブなひらめきでテンションが上がり目が覚めてしまい思いつきを書き留めたりすることは、ごくごくたまにあります。

❻ 仕事をする上で大切にしていることは何?

直感と人とのコミュニケーションですかね。同僚やお取引先さまとの雑談の中から生まれるアイデアは大事にしています。完成形は家具などの商品（モノ）なんですが、それらを造るには人とのつながりや信頼関係があってこそ辿りつけているから

❼ リフレッシュするには何をしますか?

休みの日に無心で行う家の掃除や洗車、庭木の剪定や除草。きれいに整った成果を目にすることでとても達成感を感じます。

❽ 旅に必ず持っていくものは何ですか?

スマホです。カーナビやメールやカメラや情報収集ツールや翻訳までサポートしてくれるので必需品です。

❾ 世の中にもっとあってほしいモノは? 減ってほしいモノは?

もっとあってほしいモノは、リサイクルショップとホームセンターです。減ってほしいモノは、コピー商品とモノではないですが転売。

❿ 明日やりたいことは何?

雑談しながらヴィンテージ家具のメンテナンス。

ヴィンテージ家具

設樂真也 *Shinya Shitara*

1981年生まれ。東京都出身。ACMEには2001年から5年間勤務の後、2010年復職し現在に至る。1826年創業のヘイウッド・ウェイクフィールド社の家具はバーチ無垢材を贅沢に使用して造られた家具で、無垢材だからできる流線型のフォルムとバーチ材の程よい木目のバランスにとても惹かれています。いつか自宅にも迎え入れたいです。

写真協力：ACME Furniture、東 由香里、設樂真也　　photo：関めぐみ　　text：上條桂子

青木由香さんと行く

台湾
あったかレトロを
めぐる旅

「台湾っていうと、好きとかじゃなくてもう身内」と言うのは台北のセレクトショップ「你好我好」のオーナーでコーディネーターの青木由香さん。モノを作る人になりたくて美大へ進学。大学時代はバックパックで世界各国を旅し、将来を模索する中で台湾にたどり着く。青木さんが「あったかレトロ」な台湾のいいもの、いい人、いいところを紹介します。

奇怪ねー！ 台湾の
いいもの、いいところを伝える

面白くて人情に厚い台湾の魅力を伝える

　成田空港から直行便で約4時間。日本からほど近い異国の地・台湾は、小さな面積の中にさまざまな文化が混じり合う、ちょっぴり不思議でノスタルジーに満ちた場所。

　案内をするのは、台湾在住歴19年、台北でセレクトショップを開く青木由香さん。ショップオーナーのほかコーディネーターとして活躍しながら、台湾の魅力をメディアで発信。旅番組にガイド役として抜擢されるほどの台湾通だ。

　青木さんは子供のころから絵を描くことやモノ作りが好きで、将来はモノを作る人になりたくて美大へ進学。一方で、「見たことのないものを見たい」という好奇心から、大学時代はバックパックで世界各国を旅した。

　将来を模索する中でたどり着いた台湾で、ちょっぴりおせっかいで驚くほど温かな台湾人の人情に触れ、移住を決意。現地で出版したエッセイのヒットを機に、日本のメディアからも注目され、台湾を取材する日本メディアのコーディネーターを務めながら、台北市にセレクトショップ・你好我好（ニーハオウォーハオ）をオープンした。

流行の発信地・迪化街は旧くて新しい街

　青木さんがこだわるのは、オールド台湾の品物。1960〜70年代に作られた、古き良き台湾の暮らしが伝わるものを探している。

　「背景に物語があるものは、想像をかき立てますよね。食器でもなんでも、台湾の古いものには物語があり、台湾らしくてチャーミングな部分が全部こめられています」

　流行の発信地・台北市にある迪化街（ディファジエ）は、台北でもっとも古い問屋街。100年以上前の建物が数多く残るレトロ感いっぱいのエリアだ。その一角に、青木さんの店もある。

　「実は台湾の古い街の多くは、一度廃れた場所を観光地化して蘇らせたケースが多いのですが、迪化街は100年以上前から途切れることなく商売が続いている"生きた老街（ラァオジエ）"。新旧入り乱れてさらに活気があるし、コントラストがあって面白い」

　「你好我好」には、青木さん自身が各地を訪ね、自ら買いつけてきた個性的なアイテムが並ぶ。台湾の魅力はグルメだけでなく、買って帰りたい雑貨やお土産が山ほどあることを、ブログや動画で日本に広め、浸透させてきた。

　「『台湾』っていう音を聞くと、なんか『青木由香』って言われているような感じ。もう、好きとかじゃなくて身内」と青木さん。

　ヴィンテージ食器を求めて、日常的に迪化街をパトロールする青木さん。さらに今回は、先住民たちの村を訪ね、その文化や手仕事と、今に伝わる幻の技を紹介。心温まるストーリーを探しに、まずは迪化街から出発！

あったかレトロ

Research of Taiwan

台湾 *Taiwan*

東シナ海の南に位置する台湾本島は九州よりもやや小さめで人口は2,360万人（2020年2月）。中央を南北に3,000メートル級の山々が連なり、島の中央を通る北回帰線の北側が亜熱帯、南が熱帯地域。1949年、蒋介石が中国から台湾に逃れて台北に「臨時首都」を遷都する。1895年の日清戦争後、日本の統治下に置かれ、日本語が共通語となった。高齢の人々の中には日本語を話せる人も多いのはそのためで世界の中でも親日国である。1987年7月の戒厳令解除後、政治の自由化と民主化が急速に進み、現在の総統は蔡英文。国交を持つのは現在も15か国のみ。2020年のパンデミック時には、デジタル大臣、オードリー・タンのITを駆使した政策で世界の注目を浴びる。公用語は中国語、台湾語、客家語等。台湾には政府が認定している16の先住民の部族があり、その数は総人口の2%（約45万人）。最大の人口を占めるアミ族、厳格な階級制度を持つ刺繍が得意なパイワン族、ブヌン族、ルカイ族、タオ族、プユマ族、セデック族、ルカイ族、織物が得意なタイヤル族など、それぞれ異なる言語や風習を持ち、その伝統を守り続けている（※台湾では少数民族を原住民族と呼称している）。また、ユネスコに加盟していないため、世界遺産はないが、台湾独自の視点で選んだ世界遺産候補地が18ある。

台北

台湾全体の約10％の人口が集中する台湾の首都。グルメ、ショッピング、夜市、茶芸、リラクゼーションが楽しめる。台北MRTが張り巡らされ、バスも数多く走る。長距離バスや高速鉄道、飛行機の国内線など、台湾各都市へのアクセスの起点。台北の側には陽明山がそびえ、温泉がある。台北からバスで1時間弱のところにある廃坑の街、九份は、台湾映画『悲情城市』のロケ地となったことで、レトロな映えポイントとして人気がある。すぐ隣の同じく炭鉱街だった「祈堂老街」は青木さんのおすすめ。時がとまったようにひっそりと佇む街並みは「何もないけれど、ゆっくり過ごせます。山の斜面から夜にはイカ釣り漁船が見えたり」とレトロ台湾を味わえる。

台中

台湾中西部に位置する人口で台湾第2の都市。一年を通じて雨が少なく、台風の被害も少ない。日本統治時代に碁盤状の街並みが作られ、中心部には歴史的建造物も多い。台北からは高速鉄道で約50分。「台中はお菓子の街。いろんな銘菓がいっぱいあって、食いしん坊の街」と青木さん。きれいでリーズナブルなホテルや、伊東豊雄さんが設計したオペラハウス・台中國家歌劇院や、1927年築の建物をアレンジした台中駅近のお菓子屋さん「宮原眼科」など見所がたくさん。「高速鉄道に乗り遅れてしまっても深夜バスで24時間、台北に戻ることができますよ」と青木さん。

台東

中央山脈を隔て太平洋に面する台東は海岸線に沿って高低差があり、ダイナミックな景観が望める。宜蘭のタイヤル族、太麻里のパイワン族、花蓮のアミ族ほか先住民が多く住む。

台南

「台湾」発祥の古都台南。高雄はアジア屈指の港湾都市。台北からは高速鉄道で約2時間前後。古い建物をリノベーションしたスポットも多い。山間部に少数民族が今も生活する。熱帯に位置する南西部は、マンゴー、ライチ、パイナップルなど、台湾フルーツの有数の産地。

TAIWAN
台湾

台北
九份
宜蘭／不老集落
台中
台南
石山
台東
太麻里

あったかレトロ

オールド台湾のエビ皿を探す

皿のエビは個性豊かでユニーク!

　青木さんの店の定番のひとつが、台湾の古い食器。日本人に特に人気があるのは、エビ柄の皿だ。台湾では、龍蝦(ロンシャア)と呼ばれる大きなエビ(ロブスター)は豊かさの象徴。戦後、庶民にとっては高級品だったエビを皿に描くことで、気持ちを明るくしようとしたという。
「台湾は今、経済成長が目覚ましいけれど、そうなる前の時代はみな、おうちでごはんを食べていた。そのときに使っていたお皿は、台湾独自のものでレア感がある良いアイテムだなぁと思って。皿にエビの絵を描いて、食べた気分を味わっちゃう。そんな台湾の人たちの感覚が面白いですよね」
　まずは迪化街から捜索を開始。ボディコンシャスな衣装で出迎えてくれたのは、老舗雑貨店、新協興五金行の名物店主、謝彩美さん。店内には、70年以上の長い歴史の中で集まった日用雑貨が無造作に並ぶ。

「50～60年前のエビ皿はないの?」
　青木さんが流暢な中国語で尋ねると、「ないない」と謝さん。「倉庫にはあるでしょ、本当にないの?」と食い下がるも、残念ながら収穫はなし。
　青木さんが次に向かったのは、あらゆる食材が並ぶ福和観光市場の奥にある、この界隈随一の巨大フリーマーケット。台湾各地から出店する400軒の中から、以前、エビ皿を一度に2枚見つけた縁起の良い店を訪問。しかし、ここでもエビ皿には出合えず。どうやらエビ皿は、バイヤー間でも争奪戦が繰り広げられているらしい。

台湾ヴィンテージの名店、秦境老倉庫

　再び迪化街へ。大通りから1本入ったところにある骨董品店、秦境老倉庫は、地元でも知る人ぞ知る台湾ヴィンテージ雑貨の名店。
　まずは店頭で、日本統治時代に作られた双喜の小皿を発見。「喜」の漢字が2つ

名物店主 ボディコンシャスな謝彩美さんは70歳?

秦境老倉庫へ

並ぶ通称"ダブルハッピー"は、二重の幸福を意味するめでたい柄。なかなか手に入らない希少品だ。中でも、提灯の中に双喜の文字が描かれたものは、入荷してもすぐに売れてしまう。

そんな"幻"の品を入手した青木さん、自身もコレクターの店主に、「自分用に隠してある品も全部見せて」と迫ると、エビの豆皿を2枚、譲ってもらえることに！エビの目は、通常は黒いが、1枚は珍しく赤い目をしている。エビに個性があるのは、当時は著作権などもなく、作っている窯も全部違うからだという。

「うまい人もいればヘタクソな人もいて、エビの顔がヘンだったり、目を入れ忘れていたり（笑）。工業製品なのに味わいがあるし、絵柄にも当時の生活を思わせる物語がある。買う人も、『私だけのひとつ』みたいな選び方ができて楽しいだろうなと思って」

ここの店主は最近、エビ皿が多く入ると、真っ先に青木さんに連絡をくれるようになった。買いつけを通して取引先との信頼関係が深まっていくのも、この仕事の醍醐味の一つだ。

あったかレトロ

129

台湾レトロな万能家電を使いこなせ

煮る・蒸す・ゆでるを1台でこなす電鍋

　台湾のもうひとつの顔はグルメ天国。身体に優しいごちそうが得意な台湾人の食に欠かせないのが、蒸気を使った調理器具・電気鍋（電鍋）だ。どの家にもあって、毎日使われており、一家に1.7台あるというデータも。青木さんの店でも常時取りあつかっている。

　使い方はシンプルで、鍋の中に蒸し皿を置き、そこに水を注いで蓋をして、スイッチを入れるだけ。蒸気の力で、蒸し料理に煮込み料理、プリンや炊き込みご飯など、多様な料理が作れる。

　「蒸し料理を好む台湾では、これで一品作るだけでなく、電鍋を電子レンジ感覚で蒸し器として活用しています。テイクア

ウトした料理も、レンジで温めるより、蒸気で蒸したほうがふっくらするし冷めにくい。だから、電子レンジを持っていない人が多いです」

　実はこれもれっきとしたオールド台湾家電で、誕生は1960年。もとは日本の東芝が発明した電気炊飯器を、東芝の技術提供を受け、台湾の大同公司が製造。2000年代から、日本人が台湾旅行の際に買って帰る事例が増え、2015年には日本でも販売がスタート。日本に積極的に電鍋を広めてきた青木さんももちろん愛用者の一人だ。

　「直火と違い、蒸せば旨味が引き出され、栄養も逃げない。野菜スープを煮れば玉ネギがすごく甘くなるし、台湾では1年中出回るトウモロコシも、電鍋で蒸すとものすごくおいしいです」

操作もいたってシンプル

あったかレトロ

鮮やかな菱形模様の織物を見つけに
タイヤル族の不老集落へ

民族の文化を再現する「不老集落」

　台湾には政府が認定しているだけで16の先住民の部族がある。それぞれ異なる言語や風習を持ち、各地で暮らしながら、その伝統を今に受け継いでいる。

「台湾独自の手作りのものを探し、独自の文化を玉ネギの皮をむくみたいにしていくと、芯のところで先住民の文化に行き着くんじゃないか」と青木さんは思っている。

「ロカスー」（タイヤル族の「ニーハオ」）

　青木さんが訪ねたのは、タイヤル族の人々が集まる「不老集落」。

　タイヤル族は山に暮らす民。宜蘭（イーラン）県にあるこの集落は、現代人と変わらない生活を送る7家族三十数名のタイヤル族が、自分たちの伝統が消えゆくことを危惧し、昔ながらの生活を取り戻そうと、2004年に山奥を開墾して作った村だ。

　狩りや酒造、織物を再開させ、今では50名近いタイヤル族が自給自足の生活を送る。村では一日体験ツアーも催行しており、これが村の大事な収入源になっている。

　実は美人族としても知られるタイヤル族。日本でも活躍するビビアン・スーさんは、お母さんがタイヤル族出身だ。また、青木さんのところには不老集落出身のビポさんが日本語ガイドのインターンとして修行中でもある。

菱形は先祖の目を表す

糸はカラムシの茎から

持ち味は緻密な柄と鮮やかな色

　タイヤル族が得意とするのは布を織ること。織る道具は数百年変わっていない。緻密な織の柄と鮮やかな色。菱形は先祖の目を表し、魔除けの意味があるという。

　「独特の柄と色使いと、この土地ならではの素材。台湾独自の手仕事が、ここにあったなっていう発見ですよね」

　幼いころに日本語で教育を受けた86歳のユナイさんは、タイヤル族の機織の技を受け継ぐ名人。着ている服も自分で織った手作りだ。

　「糸も自分で作るの?」

　青木さんが訊くと「糸は村の周辺や山に自生するカラムシ（イラクサ科）という植物の茎から作る」と、手間ひまのかかる糸つむぎの工程を説明してくれた。カラムシの繊維は長くて丈夫。湿気にも強く、湿度の高い台湾の暮らしを心地よくする。自然の恵みと人の知恵が生み出した美しい産物だ。

　ユナイさんは今、タイヤル族の若い世代に技術を伝えている。若い感性によって、カメラストラップや充電ケーブルなど、これまでにない現代的なアイテムも生まれている。

　「たまに私たちが思いつかないような小物に変わっていたりすると、『これいいじゃん！』と思って懇願して売ってもらうんです。日本の人だけでなく、台北でもタイヤル族の織物を知らない人はいる。そういう人たちにも紹介できたらいいなと思いますね」

インターンのビボさん

あったかレトロ

糸を作るだけで1年かかる

最高峰の刺繍の技を持つ
パイワン族の陳ママに会いに行く

どの刺繍も全部好き。心をこめて刺繍したものだから

現代最高峰の技術を持つ陳ママ

　青木さんが長年通い詰めている台東県太麻里（タイマーリー）郷。ここに住むパイワン族の陳利友妹（チェンリー・ヨウメイ）さんはもうすぐ80歳。陳媽媽工作室を主宰する工芸作家で、親しみをこめて「陳（チェン）ママ」と呼ばれている。

　パイワン族は台湾南部を中心におよそ10万人が暮らす。現在の台湾政府の総統・蔡英文氏もパイワン族の血を受け継いでいる。その作品の特徴は卓越したクロス

ステッチ刺繍の技。衣装に施され、階級やお守りなどを表現しているという。

　パイワン族の貴族を母に持つ陳ママは、幼いころから数多くの刺繍モチーフを習得。伝統的技法を受け継ぐ現代最高峰の匠だ。台湾内外の展覧会に出展される作品も手掛け、大阪の国立民族学博物館にも作品が展示されている。台東県で初めての国賓でもある。

「陳ママは、この刺繍の技を後世に残すためならどんな労も厭わない方。民族を超えて若い世代への教育活動も積極

的に行っているし、大阪で開かれたアジアフェアに同行したときは、私も空港でも電車の中でもずっと刺繍を習っていました」

工房で青木さんが目を惹かれたのは、美しい刺繍が施されたポシェット。

「それは成人袋っていうの。パイワン族では小学校を卒業した女の子に贈るものよ。これを掛けて出かける女性には、恋愛や結婚の誘いをしてもいいという印なの」と陳ママが教えてくれた。

母の作品に秘められた百年の愛の物語

独自の文字を持たなかったパイワン族は、刺繍の柄や技法で意味を表現。蛇の柄は守り神、壺は富の象徴、蝶は純潔など、すべて口伝で継承してきた。刺繍の技を代々受け継いできたのは女性たち。陳ママも、首長の娘だった母・利文理さんから教わったという。

その母にまつわる宝物を特別に見せてくれた。少女だった母が、のちの夫となる男性に手作りした腰巻き。女性が男性に腰巻きを贈るのは、愛の告白の意味があるという。何色もの糸を使って繊細に縫われていたのは、身に着ける人を守護するお守りの柄ばかり。

「すごく大事に作られてるのがわかる。柄も可愛いけど、これを縫った少女時代のお母さんの思いが可愛いなぁ」

15歳の恋する少女が一針一針込めた思いは、百年経った今も色褪せない。

もうひとつの宝物は、陳ママが知るすべての柄が詰まった大きな布。服やバッグを作ったときの余り布を何十年にもわたって縫い合わせ、若い人たちに見せるために残している。

「刺繍をするのは簡単ではないけれど、パイワン族として、この文化を後世に残したい」。そう力強く話す陳ママ。

「そのためにはまず、刺繍を楽しむこと。私は毎日楽しく刺繍をしているから、新しいデザインが生まれるのよ」

陳ママのママが作った腰巻き

恋愛OKの目印「成人袋」

あったかレトロ

軽くて丈夫なアミ族の 月桃カゴ作りに挑戦する

家族のようなアミ族のおばあちゃん

次に青木さんが訪れたのは、台東（タイトン）市石山集落。ここに暮らすアミ族は、華やかな民族衣装をまとい、歌と踊りを愛する陽気な民族だ。台湾東部の平地に集落を構え、人口規模は21万4,000人超と台湾先住民の中でもっとも多い。

以前、アミ族の老夫婦の家にホームステイした経験のある青木さんは、アミ族語で自己紹介ができる。

「アミ族のニーハオは"ンガアイホー"。先住民の村では、現地の言葉で話すことで距離が縮まります。とくにアミ族の人たちは、アミ族語を話せば話すほど喜んでくれて。『お前はアミ族も同然だから、こっち側へ座れ』と、もてなす側の席に座らされたこともあります（笑）」

青木さんはかつて、アミ族のおばあちゃんから、アミ族の女性の名前を授かった。

「"ルピ"といって、名づけ親のおばあちゃんの名前をくれたんです。最近は何年かに一度しか行けないけど、車で台東を通りかかったときに突然寄っても覚えていてくれて。私の顔を見るとおばあちゃんが、『よく来たね』って泣くんです。おばあちゃんは中国語があまり得意じゃないので、私と日本語でしゃべれるのがすごく嬉しいみたい」

日本でも人気の月桃カゴ。クラフトキットにしたら売れる?

軽くて丈夫な月桃カゴ作りに挑戦!

アミ族は、月桃の葉や梱包用のビニールテープでざるやカゴを編み、生活の中で使い続けてきた。月桃カゴは、軽くて丈夫なだけでなく、見た目もおしゃれ。日本人にも大人気だ。

月桃は台湾や沖縄の山野に自生するショウガ科の植物。葉っぱの長さは大きなもので1メートル、幅も15センチ前後あり、表面にはツヤがある。これを乾燥させて均一の幅に切り、編み込んでいく。

今回、青木さんが工房を訪ねて、月桃のカゴ作りに挑戦したのには狙いがあった。一般の人でもカゴを編むことができそうなら、この工房から材料を仕入れ、月桃の葉を使ったクラフトキットを作りたいと考えているのだ。

「クラフトキットなら、カゴ自体に興味はなくても、手作りに関心がある人にもリーチできてお客さまの分母が広がるし、台湾の先住民のことをより知ってもらえる入り口にもなる。かさばらない分、送料を抑えられるという利点もあります」

器用な青木さんの場合、編み始めて2時間で完成。作り方がわかれば、誰にもできそうだと判断し、商談を成立させた。自身の店にアミ族の人を招き、月桃カゴのワークショップを行う予定はコロナで見合わせているが、ほかにも、月桃をより身近に、大勢の人に楽しんでもらえるイベントを考え中だ。

「みんなの喜ぶ顔が私のモチベーション。そうやって、良いものが自然に広まっていくのが理想なんです」

収穫された月桃の葉

台湾のいいもの、いいところを紹介する

2003年に台湾に移住して、台湾をこよなく愛すると同時に、生活者として地に足つけて暮らす青木さんだからこそ見える、スタンダードな"台湾のいいもの＆いいところ"をセレクトしてもらった。

① No.1お買い物スポットは迪化街

「台湾に来たならぜひ見てほしい街が迪化街。市場があって、食べ歩きもできるし、雑貨店が多く、おいしいお菓子屋さんやカフェもある。雑貨店・新協興五金行や、骨董品屋さん・泰境老倉庫があるのもここ。奥の奥にある農工具屋さん・永興農具工廠（ヨンシンノンジュゴンチャン）ではせいろも買えます」

② 福和観光市場

運動公園の一角で開催されている福和観光市場は、肉、魚、野菜などあらゆる食材が露店で売られている青空市場。「ここに来ると目的がずれて、野菜を買いたくなっちゃう」と青木さん。

③ 你好我好一番の売れ筋！ 花生酥

「花生酥（ホァーシェンスー）はピーナッツの名産地・澎湖（ポンフー）島の、ピーナッツバターを固めてサクサクさせたようなお菓子。一つ食べるとあとを引く大人気土産。你好我好では、"島のツートップ"といわれる二つの店から花生酥を仕入れています。私が一番だと思う正義餅行（ヂェンイービンハン）と、味が良くて賞味期限が長めの正一食品（ヂェンイーシーピン）は、日本にはない食感＆風味のお菓子なのでおすすめです」

④ 主婦が作った一番搾りのごま油

「台湾のごま油は加熱用と生食用があり、香油（シャンヨウ）は一般的に、白ゴマから取った生食用の油。この香油は子供のために安全で良質な油を自分で作り始めた主婦ウェンディーさんの細粒籽油工房で、昔ながらの搾油法で丁寧に作られたもの。びっくりするほど香りが良くて、ナムルに使えば、野菜をいくらでも食べられます」

⑤ 花椒入りラー油

良い香りの花椒と唐辛子の粗挽きがたっぷり入った250ミリリットルのラー油。「下に沈んでいる花椒と唐辛子も振り出して一緒に使うべし。これと豆鼓があれば、自宅で本格麻婆豆腐ができます」

⑥台湾フルーツ

「台湾フルーツはみんなおいしい」という青木さん。中でも「台湾でライチを食べるなら、ジューシーで肉厚で香り高い玉荷包（ユウハーバオ）という品種がおすすめ。5月末から6月頭にかけての2週間くらいが旬で、市場では枝付きで束になって売っています」。そして、マンゴーより断固パイン派の青木さん。「台湾のパイナップルはとても甘くてジューシーで、芯までいける。いい季節に名産地のものを食べたら目ん玉飛び出ます。2021年は日本にたくさん輸出されて嬉しかった！」

⑦からすみ

ボラの卵巣を塩漬けにした高級食材からすみ。「100年以上続くからすみ専門店・永久號（ヨンジョウハオ）のからすみは、臭みもなく脂がのって、ねっとりチーズみたい。上質なのに、空港やデパートで売っているものより4割は安い。20年近く、買い続けています」

⑧東方美人・白毛猴GABA茶

東方美人茶の中でもレアな茶種・白毛猴を、坪林の茶農家さんが、国の機関が6年かけて開発した製茶方法でGABA茶に製茶した激レア茶。「芳しく爽やかなGABA茶です！ ただし、売り切れごめん！」

⑨不動の人気を誇る月桃カゴ

日本では沖縄産が人気の月桃。「軽くて丈夫な月桃カゴは、一つ買うと長く使えるのがいいです。ショウガ科ハナミョウガ属の月桃は、ハーブとしても重宝されていて、葉は食材を包んでも、お茶にしても、殺菌や消臭、デトックス効果などがあるそう。月桃の独特のいい香りがします」

⑩電鍋

レトロなフォルムの電鍋。サイズやカラーバリエーションも豊富にあり、日本でも手に入るが、個人輸入であれば、台湾で買って帰ることもできる。電圧は台湾110V、日本100Vでプラグの形も同じ。「10%くらい調理時間が遅くなる気がする」と青木さん。

⑪日本女子に大ブレイク・鄭先生の服

「鄭（デェン）先生は、鄭恵中布衣のデザイナー。1955年生まれの男性です。シンプルな形で着やすいカットソーは、所作が美しく見えるストレスのない日常着として、先生が40年近く前にデザインしたもの。台湾では、老若男女、茶家や書家、舞踊家などの文化人が長年愛用しています。このところ日本の女子の間でもブレイク。色展開がものすごく豊富で、選ぶのにくたびれるほど（笑）」

⑫里仁

オーガニックショップ里仁（リーシン）は、人にも環境にも良いものしかあつかわない。「石鹸シャンプー」、歯が一皮むけたようにつるつるになる「無泡の歯磨きペースト」、身も心もすっきりする「ミントの石鹸」など、イチオシがいっぱい！？

⑬柏祥號

「ブリキ板に手彫りで文字をくり抜き、スプレー用のステンシルプレートを作っている柏祥號（ボーシャンハオ）。私も店名をくり抜いてもらい、布にスプレーして、店のオリジナルバッグを作りました」

芸術家志望の私が台湾へ渡ったワケ

小さいころから作る人になりたかった

子供のころは妄想癖がすごくて、気球に乗って遠くへ行って、いろんな世界を見てみたいと思っていました。絵や工作も大好きで、紙の余白を見つけては、毎日絵を描いてましたね。

うちの母は手先が器用で、籐カゴやアートフラワーの教室を開いたり、人に頼まれてコサージュを作ったり、常に何か作っている人でした。それをそばで見て育ったので、私も技術を身につけて、絵を描いたり、何でも作れる人になりたかった。いずれ専門学校や美大に行って手先を鍛え、技術をどんどん吸収したいと思っていました。

幼稚園のときから絵を習っていた先生の勧めで、高1の夏休みには、神奈川県真鶴町の自宅から片道2時間かけて、新宿にある美大予備校に通いました。それからは、本気で美術で身を立てたい仲間たちと一緒に、毎日10時間ぐらい絵を描いて。それでも第1志望の美大には届かず、2浪して第2志望の美大の染織デザイン科に入ったんです。

自分は一体何者なんだろう？ って頭がおかしくなりそうでした

受験で味わった挫折から、大学時代はちょっとグレて（笑）、アルバイトをしながらバックパックで海外旅行ばかりしていました。見たことのないものを実際に見たくて、トルコ、カンボジア、シリア、ヨルダン……と、約30か国、延べ50か国近く海外へ。一方で、依然モノを作る人になりたかったので、卒業後も、「大学院へ行ったと思って、2年間目をつぶってください！」と親に頭を下げて、個展やグループ展を開きながらバイト生活を続けていました。

悶々としていた当時は、すごく苦しかったですね。あんなに苦労して美大に入ったのに、大学を卒業しても、美術の道でどう生きていったらいいかわからない。一体何をやっているんだろう？ 自分は何者なんだろう？ って、頭がおかしくなりそうでした。その後しばらく悶えながら旅行とバイトとをして29歳で初めて台湾に行きました。

台湾人の温かさに救われて日本を脱出

未踏の地を好むバックパッカーの私にとって、日本から近い台湾は完全にノーマークでした。でも行ってみたら、びっくりするほど楽しくて！ 食べ物はおいしいし、マッサージは気持ちいいし、何より台湾の人たちは人懐っこくて、日本人を大歓迎してくれる。

そのあったかさが忘れられなくて、1か月もしないうちに再訪し、就労ビザや住む地域をリサーチしました。

アートとかバイトとか……とりあえず生活を変えて、何か違うことをやってみよう、海外に住んでみようと思いました。そう思い、3度目は半年間の語学留学という名目で、通う学校だけを決めて、日本から逃れるように台湾へ留学しました。2002年のことです。

台湾の"いいもの"を紹介するセレクトショップをオープン

深い会話がしたくて中国語を猛勉強!

　私が泊まるところを決めずに現地に行くのはいつものこと。台湾でも、前回仲良くなったマッサージの先生をいきなり訪ねて、お弟子さんと一緒にマッサージ用のベッドで寝泊まりしました。せっかく半年使って台湾に来たので、マッサージも学ぼうと思ったんです。

　けれど、私はお客さまを施術すると悪い気をもらってしまう体質らしく、施術後は頭痛がしたり、だるくなるので、結局、お茶屋さんでバイトをしながら語学学校へ通いました。

　30歳から始めた中国語の勉強は、砂漠に水を溜めてるみたいでしたね（笑）。でも、親しくなったバイト仲間と、どうしても中国語で深い会話がしたくて。SARS（重

症急性呼吸器症候群）が流行して、一旦日本に帰ったあと、再び台湾に戻ってからは、中国語を猛勉強して習得しました。

勢いで個展を開催。自著もベストセラーに

　留学の期限が迫り、そろそろ日本に帰らなきゃというとき、お茶屋さんのオーナーが、そのころちょうどお友達と始めたギャラリーで「何かやれば?」と言ってくれたんです。海外で個展ができるチャンスなんてめったにないので、染織の道具も材料もないけど、「やります!」と言ってしまって。道具屋さんで見繕った墨と紙でいくつも絵を描いて、掛け軸にして飾ったら、好評で作品も完売しました。

　作品を買ってくれた人の中に、たまたま台湾のジャーナリストの方がいて。その方を通じて編集者と知り合い、あれよあれよと台湾で本を出すことに。文章、イラスト、デザインをすべて自分で担当した『奇怪ねー台湾』は、私が見たヘンテコな台湾を紹介した本ですが、これが現地でベストセラーになって。「面白い日本人がいる」とテレビの出演依頼が殺到し、その流れで自分のテレビ番組まで作ることになりました。

台湾で結婚＆出産後、自分の店をオープン

　台湾で有名になると同時に、台湾の情報を発信する私のブログが日本でも広まり、台湾に来る日本メディアのコーディネートをするようになったんです。そのまま台湾に住み続けて、2010年には、台湾で仕事をする日本人の夫と結婚。2014年に子供が生まれ、コーディネートの仕事がしにくくなったこともあり、2015年にセレクトショップ「你好我好（ニーハオウォーハオ）」をオープンしました。その店に、自分のセンスでライフワーク的に集めてきた雑貨や土産物を置くようになったんです。

　私のコーディネーターとしてのミッションは、台湾の魅力は食べ物だけでないと知ってもらうこと。台湾のいいものを持ち帰ってもらって、日本の生活の中に取り入れて、台湾を忘れないでもらえたらと思っ

ています。その活動をとおして、私は、自分が見つけたいいものを紹介することが本当に大好きなんだと気づいて。

　気に入った商品は自分でアレンジして発注したり、台湾にある日本人のドーナツ屋さんと、“台湾っぽさと日本っぽさをかけあわせた”ドーナツを開発したり。昔イメージしていたモノ作りとは違うけど、今私がやっていることも、感性の表現という意味では、モノ作りの延長線上にあるのかなと感じていますね。

あったかレトロ

より深く台湾を知ってもらうために

いい人やいいものは遠くに行かなくても

　自分の店では、"いかにも土産品"という
ものや、台湾然としたものでなく、自分が
生活の中で実際に使っているいいものを
すすめたい。それはある意味地味すぎて、
観光で台湾に来た人が見落としちゃうもの
かもしれないです。

　20年近く台湾に住んでわかったのは、私
が思う"台湾らしくて、いいもの"は、わざ
わざ探しに行ったり、遠くにあるものじゃ
なく、よく見れば身近に全部あるなという
こと。昔は旅行が好きで、遠くばかりを見
てたけど、ちゃんと「今いる場所」を愛せ
ている今は、身近で良いものがざくざく見
つかります。さらに人間関係も大切にする
ことで、いい人もいいものも、遠くに行か
なくても手に入るんです。

迪化街の中心地に2号店&オンラインストア
をオープン

　私のお店では主に1,000台湾元以下で
買える雑貨や食品をあつかってきました
が、もうちょっと高いものも見たいというお
客さまのために、2020年5月に2号店、你
好我好 廟口店（ニーハオウォーハオミャオ

コウテン）をオープン。縁結びの神様「月
下老人」が祀られた台北で最強の恋愛の
神様・台北霞海城隍廟のすぐそばです。2
号店では、8,000元くらいの洋服や、月桃
のカゴなどもあつかっています。

　コロナ禍で日本のお客さまの来店が難
しいので、生きていくためにオンライン
ストアをオープンしたり、"ジャパネットあ
おき"と称してインスタライブをしたり。
NHKカルチャーオンライン講座では、
ディープな台湾をわかりやすく紹介しま
した。

　今後は、お店でモノを売るだけじゃなく、
台湾料理の料理教室や月桃のカゴ作りな
ど、ワークショップもどんどんやりたい。日
本の人たちにもっと深く台湾を知ってもら
うと同時に、台湾の人とも気軽に交流でき
る場を創造したいですね。

青木由香さんへ10の質問

❶ 子供のころの夢は何でしたか?
遠くに行きたい、見たことのないものを見たい。そして、いろんなモノを作れる人になること。

❷ 初めての外国はいくつのとき、どこに行きましたか?
20歳のとき、アメリカへ。高校卒業後にワシントンD.C.に移り住んだ仲の良い友人を訪ねました。

❸ 駆け出しのころの自分に言ってあげたいことは何ですか?
「早く寝ろ!」ですね。何かを思いつくとアドレナリンが噴出して、猪突猛進的に寝ないで考えたり、動き続ける癖があったので。あとは、当時は悩んだり苦しんだりして「(この先)どうなっちゃうんだ!?」と思っていたけど、それが全部糧になっているので、「そのままで間違いないよ、苦しんどけ」と。

❹ 自分の性格でいちばん自慢できるところは?
自分が見つけた「いいもの」は、人もモノも、みんなに紹介せずにはいられないところ。

❺ 夜眠れなくなるような不安や悩みはある?
私はもともと、夜寝付けないタチなので。コロナで店に人が来なくなって困ったなと思ったときは、1日、2日は寝られなかったけど、眠れないことも、もはやあまり気にならないです。

❻ 仕事をする上で大切にしていることは何?
相手と表面的なやりとりをするんじゃなく、心を通わせたお付き合いをしっかりすること。できる限りそうしたいと思っています。仮に私ができなくても、スタッフがつながっていたり。取引先に対しては、仕入れた商品を売り上げて実績を出すことも重視しています。

❼ リフレッシュするには何をしますか?
コロナ禍以前は、朝公園を走ったり、ストレッチをするとすごくすっきりしました。

❽ 旅に必ず持っていくものは何ですか?
今はもう、スマートフォンさえあれば何もいらないです。

❾ 世の中にもっとあってほしいモノは? 減ってほしいモノは?
チェーン店がどこにでもあるのは便利な反面、世界中が似てきて、旅する意味も薄れちゃう。だから、世界を画一化するものは減ってほしいし、入ってくるならちゃんとその国独自の"○○バージョン"にしてほしい。

❿ 明日やりたいことは何?
早く世界中を飛び回り、私が見つけた「いいもの」を台湾の人に紹介したいです。

あったかレトロ

青木由香 *Yuka Aoki*

神奈川県生まれ。多摩美術大学を卒業後、世界各国を旅行。2003年に台北に移住。2005年、『奇怪ねー台湾』を出版し、台湾国内でベストセラーに。2008年には、ビデオブログの「台湾一人観光局」が外国人としてはじめて、台湾のテレビ賞の最優秀総合司会部門にノミネートされた。2015年、台北市に「你好我好(ニーハオウォーハオ)」を、2020年には2号店をオープン。『台湾の「いいもの」を持ち帰る』ほか著作は8冊。台湾コーディネーター。台湾在住。

写真協力:古谷 勝(P141、142)、衛藤キヨコ(P143、144)、你好我好　　text:浜野雪江

REFERENCE LIST

『世界はもっと! ほしいモノにあふれてる3
これからも海を越えて仕事する!』関連サイト・SNS

シーラ・クリフさんと行くロンドン・京都 KIMONOをめぐる旅

Kimono: Kyoto to Catwalk
https://www.vam.ac.uk/exhibitions/kimono-kyoto-to-catwalk

Victoria and Albert Museum ヴィクトリア&アルバート博物館
https://www.vam.ac.uk

モダンアンテナ
https://modern-antenna.jp/

Bricklane Vintage Market ブリックレーン・ヴィンテージマーケット
https://www.instagram.com/bricklanevintagemarket/

ATIKA
https://www.atikalondon.co.uk

Furuki Yo-Kimono Vintage
https://www.instagram.com/furukiyokimonovintage/

The Island Queen
https://www.theislandqueenislington.co.uk

丹後ちりめん
https://tanko.or.jp/300/

丹後ちりめん織元 たゆう
http://www.tayuh.jp

KUSKA
https://www.instagram.com/kuska1936/

柴田織物
http://www.shibata-orimono.com

佐織キモノ
http://oobishiya.net/sakurausagi/

登喜蔵
https://tokizo.jimdofree.com

江原産業
https://ebara-sangyo.jp

The Kimono Closet 箪笥びらき
https://kimonocloset.com/about/

Silk Story 絹のものがたり
https://silk-story.jimdofree.com

シーラ・クリフさんのインスタグラム
https://www.instagram.com/kimonosheila/

参考:
『ことりっぷ ロンドン』
『ことりっぷ 海の京都 天橋立・伊根』

坂野高広さんと行くベトナム 幻の陶器を探す旅

IRMA records
https://irmagroup.jp

Sông Bé
https://www.instagram.com/songbe_hcmc/
https://songbe.shop

333
https://www.instagram.com/333_store/
https://333store.jp

Chè 333
https://www.instagram.com/che_333/

Công Cà phê
https://www.instagram.com/congcaphe/

Reaching Out Arts and Crafts
https://www.instagram.com/reachingoutvietnam/

Hiên Vân Ceramics
https://www.instagram.com/hienvanceramics

参考:
『ララチッタ ベトナム』

仲本千津さんと行くアフリカ ハッピープリントを探す旅

RICCI EVRERYDAY
https://www.riccieveryday.com
https://www.instagram.com/riccieveryday/

マーチソン・フォールズ国立公園
https://www.murchisonfallsparkuganda.com

アンドゥアメット
https://www.anduamet.com

Table For Two International
https://jp.tablefor2.org

ファビアン・デグレさんと行くフランス 極上チーズを探す旅

Ferme de l'Ile d'Arz
https://www.facebook.com/Ferme-de-lIle-dArz-2102205299899700/

ル・マン マルシェ
https://www.lemans-tourisme.com/fr/pratique/marches-au-mans.html

ヴァンサン・ルラさん
https://www.instagram.com/lacommunautedesfromages/

Hôtel Ithurria オテル・レストラン・イチュリア
https://www.instagram.com/restaurant_ithurria/

Urkulu 羊飼いのチーズ
https://www.instagram.com/jb.maitia.urkulu/

Fromage et ses amis
https://www.instagram.com/fromage_et_ses_amis/

ファビアン・デグレさんのSNS
https://www.fabiendegoulet.com
https://www.instagram.com/cheeseyourlife/

参考:
『フロマジェが教える おいしいチーズの新常識
チーズの基本からプロのテクニックまで』

東由香里さん&設樂真也さんと行く アメリカンヴィンテージ家具を探す旅

ACME Furniture
https://www.instagram.com/acme_furniture/
https://acme.co.jp/acme/

Iridium Interiors
https://www.instagram.com/iridium_interiors/

Sunset Bazaar
https://www.instagram.com/sunsetbazaar/

DREXEL Furniture Co.
https://www.drexel-furniture.com

Rose Bowl Flea Market
https://www.rgcshows.com/rose-bowl/

Heywood-Wakefield
https://www.heywoodwakefield.com

Alison Andersson
https://www.instagram.com/alison_andersson/

Heather Levine
https://www.instagram.com/heatherlevineceramics/

Morgan Peck
https://www.instagram.com/_morgan_peck_/

Orange Circle Antique Mall
https://www.instagram.com/orangecircleantiquemall/

Ojai Rancho Inn
https://www.ojairanchoinn.com

Long Beach Antique Market
https://www.instagram.com/longbeachantiquemarket/

青木由香さんと行く台湾 あったかレトロをめぐる旅

你好我好
https://www.instagram.com/nihaowohaostore/
https://zh.nihaowohao.net

迪化街・福和観光市場・秦境老倉庫
https://www.travel.taipei/ja/

大同電鍋
https://dennabe-official.tatung.co.jp

不老集落
https://www.bulaubulau.com

陳媽媽工作室
https://chenmommom.weebly.com

細粒籽油工房
https://www.fineseedoil.com.tw

鄭恵中布衣
https://www.shixi.com.tw

青木由香さんのインスタグラム
https://www.instagram.com/taiwan_aokiyuka/

参考:
『地球の歩き方 台湾 2020~2021』
『奇怪ねー台湾 不思議の国のゆるライフ』
『台湾の「いいもの」を持ち帰る』

・ ・ ・ ・ ・ ・ ・ ・ ・ ・

World Heritage List
https://whc.unesco.org/en/list/

外務省 国・地域
https://www.mofa.go.jp/mofaj/area/index.html

外務省 海外安全情報
https://www.anzen.mofa.go.jp

厚生労働省検疫所「FORTH」
https://www.forth.go.jp/index.html

・ ・ ・ ・ ・ ・ ・ ・ ・ ・

番組公式サイト

世界はほしいモノにあふれてる
https://www.nhk.jp/p/sekahoshi/
https://twitter.com/nhk_sekahoshi/
https://www.instagram.com/nhk_sekahoshi/

2018.04.12	チョコっとご褒美スイーツ ドイツ&ポルトガル
2018.04.19	女性が心躍らせる服 ニューヨーク
2018.04.26	極上！オーガニックコスメ パリ&リトアニア&エストニア
2018.05.10	北欧ビンテージ家具 スウェーデン
2018.05.17	心ときめくキッチングッズ ドイツ&イタリア
2018.05.24	一番新しいハワイ グルメ&スイーツ&ファッション
2018.05.31	そこにしかない郷土菓子 イギリス
2018.06.07	カラフル！名もなき幻のバラ ロンドン&ケニア
2018.06.21	極上のイタリアグルメを巡る旅
2018.07.05	マルタで素敵を探す旅 アクセサリー&レース
2018.07.12	旅から生まれるスープ ポルトガル
2018.07.19	イタリア縦断！カッコかわいい文房具
2018.07.26	激うま&激レア！極上オーガニックチョコ オーストラリア
2018.08.30	お気に入りをGET！北欧食器 フィンランド
2018.09.13	幸せ！ベーカリー巡り 北欧デンマーク
2018.09.17	三浦春馬とJUJUが旅に出る！70分拡大夏SP
2018.09.20	パリで幻のビーズを探す旅
2018.09.27	エレガント！運命の靴を探す旅 ミラノ&パリ
2018.10.04	秋SP！旅から生まれる極上スイーツ フランス&イタリア
2018.10.11	美食の国で"極上の肉"を探す旅 フランス
2018.10.18	NY発！カラフル&ポップな雑貨を探す旅 アメリカ
2018.10.25	極上の美食ベトナミーズを探す旅
2018.11.01	日本未上陸！かわいい！ベビーグッズ フランス
2018.11.08	レトロかわいい！ビンテージ絵本を探す旅 チェコ
2018.11.15	癒やしの一枚！テキスタイルを探す旅 メキシコ
2018.11.22	最新！極上のグルメバーガーを探す旅 ロサンゼルス
2018.11.29	フランス！遊び心あふれるインテリア雑貨
2018.12.06	究極の美味を探す旅 スペイン・バスク地方
2018.12.13	春夏コーデはハイファッションで攻める ソウル
2018.12.27	冬SP 魅惑のモロッコ雑貨！
2019.01.10	ニュージーランドで"本物のキレイ"を探す旅
2019.01.17	大人かわいいスニーカーを探す旅 ロサンゼルス
2019.01.24	心ときめく極上ビールを探す旅 ベルギー
2019.02.07	カラフル！五感で楽しむオーガニックフード タイ
2019.02.14	バレンタインSP 世界一周チョコの旅
2019.02.28	世界が注目！極上のメキシコグルメを探す旅
2019.03.07	世界に一つだけの宝石を探す旅 タイ
2019.03.14	「物語」のあるアンティークを探す旅 フランス
2019.04.04	生放送！春SP三浦春馬とJUJUが旅に出る！パリ・ロンドン
2019.04.11	極上ティータイムを巡る旅 デンマーク&フランス
2019.04.18	心地よい暮らし 北欧照明を探す旅 デンマーク
2019.04.25	JUJUが行く！究極のパスタを探す旅 イタリア・シチリア
2019.05.09	コスパ最高 絶品ワインを探す旅 イタリア ピエモンテ
2019.05.16	世界一周！幸せスイーツ
2019.05.23	アメリカンビンテージ家具を探す旅 ロサンゼルス
2019.06.06	チーズ&ヨーグルト 極上の食材を探す旅 ギリシャ
2019.06.13	心動く絵本を探す旅 イタリア・ボローニャ
2019.06.20	フランス癒やしの花の世界 最高のブーケを探す旅
2019.06.27	人生を彩るウェディングドレス ニューヨーク
2019.07.25	ユニーク！幻の花を探す旅 オランダ&南アフリカ
2019.08.01	魅惑のティーワールド！"世界最高"の茶葉を探す旅 上海
2019.08.22	フランス縦断！極上チョコレート SP
2019.08.29	台湾 幸せドリンクのヒントを探して
2019.09.05	最新北欧インテリアを探す旅 デンマーク
2019.09.12	女性が輝く！"新エクササイズ"を探す旅 ニューヨーク
2019.09.19	シアワセ運ぶ アウトドア家具を探す旅 ベルギー
2019.09.26	北欧 最高のファッション&グルメ&インテリア スウェーデン フィンランド

2019.10.03 三浦春馬とJUJUが旅に出る！
2019.10.10 秘境へ！究極のコーヒーを求めて アメリカ・南米
2019.10.24 世界の台所探検 ウィーン・ブルガリア
2019.10.31 究極のピッツァを作る旅！ イタリア・ナポリ
2019.11.07 ほっこり 幻のニットをめぐる旅 イギリス＆スウェーデン
2019.11.14 世界にひとつの宝石を探す旅 香港＆オーストラリア
2019.11.21 暮らしを豊かにするアンティーク イギリス
2019.11.28 楽しさ無限大！究極のベーグルを探す旅 NY
2019.12.12 冬の新定番！極上シードルを探す旅 フランス ブルターニュ
2020.01.09 ファッションSP 大草直子×ミラノ
2020.01.16 ファッションSP 大草直子×スペイン
2020.01.23 人生が変わるメガネを探す旅 フランス
2020.01.30 幸せテキスタイルを探す旅 スペイン
2020.02.06 英国ティー文化をめぐる旅
2020.02.13 冬のほっこりスペシャル
2020.02.20 中欧！幻のアンティークを探す旅 チェコ＆ドイツ
2020.02.27 あっと驚くパン屋さんを作る旅 タイ
2020.03.05 犬と過ごすワンダフルライフ アメリカ西海岸
2020.03.12 世界に一つだけの香りを探す旅 フランス＆イタリア
2020.04.02 生放送！春の最愛テーブルウエア 南仏＆モロッコ
2020.04.09 “小さな宝物”ボタンを探す旅 パリ・ベツレヘム
2020.04.16 想いを伝える文房具 ドイツ・オーストリア
2020.04.23 太陽と火山の恵み！絶品食材を探す旅 イタリア・シチリア
2020.05.07 おうち時間を心地よく① 癒やしの極上テクニック
2020.05.14 おうち時間を心地よく② 北欧スペシャル
2020.05.21 おうち時間を心地よく③ 達人たちからのメッセージ
2020.05.28 おうち時間を心地よく④ 世界のくつろぎティータイム
2020.06.04 次はどこ？ 三浦春馬の旅SP
2020.06.11 幸せの極意 アロハスピリットを探す旅 ハワイ
2020.06.18 スタイリスト大草直子・特別編 イタリア＆スペイン
2020.07.02 時代を彩るアンティークジュエリー イギリス
2020.07.16 マルタ＆フランス 麗しの手仕事SP
2020.07.30 キッチンから世界旅行
2020.08.20 恋しいペルシャ 美の源流
2020.08.27 JAPAN！究極の“台所道具”
2020.09.03 感謝祭SP
2020.10.08 生放送！フランス 極上チーズをめぐる旅
2020.10.15 ロンドン KIMONOスペシャル
2020.10.22 京都 KIMONOスペシャル
2020.11.05 暮らしが楽しくなるアイテムを探す旅
2020.11.12 せかほし不動産 Buyer's House
2020.11.19 癒やしの沖縄 美しい手仕事をめぐる旅
2020.11.26 “幸せ”はこぶ極上スイーツ
2020.12.03 愛しき紙の世界へ
2020.12.10 ジョージア＆スウェーデン 恋しい故郷に里帰り
2020.12.17 クリスマス直前！フランス・キャンドル生放送
2021.01.07 私の“幸せ”部屋づくり 日本・フランス・イタリア
2021.01.14 光り輝く島 スリランカへ
2021.01.21 ポルトガル 幸せ お魚パラダイス
2021.01.28 イタリア 子どもの幸せを運ぶ“タカラモノ”
2021.02.04 ベトナム縦断！美しき手仕事を探す旅
2021.02.18 ときめきのシルクロード ウズベキスタン
2021.02.25 情熱台湾！あったかレトロを探す旅
2021.03.04 アート＆ユニーク！魅惑の植物を探す旅 タイ
2021.03.18 人生をハッピーに！情熱のアフリカンファッション
2021.05.03 SP 世界一周！アウトドアライフをめぐる旅
2021.09.20 SP ―BLUE― 色をめぐる旅

STAFF LIST

<TVスタッフ>

MC	鈴木亮平　JUJU
ナレーター	神尾晋一郎（81プロデュース）
制作統括	小川康之　百崎雅子　柳迫 有
プロデューサー	大福由喜　井川陽子

ディレクター	ロンドン KIMONOスペシャル	池山聡子
	京都 KIMONOスペシャル	市川佳子
	ベトナム縦断！美しき手仕事を探す旅	赤坂恵美子
	人生をハッピーに！情熱のアフリカンファッション	田波悠至　保井龍太郎
	生放送！フランス 極上チーズをめぐる旅	きくちたいこ
	アメリカンビンテージ家具を探す旅 ロサンゼルス	岡田早苗
	情熱台湾！あったかレトロを探す旅	川本基史

制作スタッフ	高野文子　岡本絵理
制作協力	株式会社 ぷろぺら
	株式会社 アックス
	株式会社 クレイジー・ティブィ
制作・著作	NHK

おわりに

　突如としてパンデミックの渦に巻き込まれた世界。地球規模の危機に触れ、出口が見えない不安な日々……

　そんなときであっても、我々せかほしスタッフ陣は、視聴者の皆様に"世界の今"をお届けしなくてはと、放送を出し続けることを決断しました。

　海外渡航は全面禁止。日本から出発するバイヤーの買い付けに密着するスタイルは困難になり、世界のさまざまな国と地域に在住、もしくは海外に拠点を持つ人を探すことにしたのです。

　この本に登場する多くはそのとき出会った方々です。コロナ禍でも、夢をあきらめずに、新しい冒険へと繰り出そうとしていました！！（ホントにラッキー♥）

　フランス、台湾、ウガンダ、ベトナム……グルメにキッチン・インテリア雑貨、ファッションアイテムなど、活動する国も目を向けていたジャンルも様々。それでもその国独自のモノ作り文化に惚れ込み、魅力を多くの人に発信したいという強い気持ちは共通していました。取材から見えたのは、より豊かな社会を目指して、世界各地で繰り広げられる様々なアクション！　国を超えてモノへの思いをシェアすることで互いに学び、成長する姿でした。その一つ一つを積み重ねる先には、きっと美しい世界が広がる……希望を見いだせました。

　私だけのステキなモノをみつけること。そうやって心が動けば、人も、暮らしも、世界がよりよく変わっていくことにつながっていくのだと思います。

　最後まで本を読んでくださった皆さま、
笑いとウィットにとんだ掛け合いでスタジオを盛り上げてくださるMCの鈴木亮平さん、JUJUさん、イイ声で包んでくださる神尾晋一郎さん、
番組を見守ってくれる三浦春馬さん、
ありがとうございます。
そしてこれからも　せかほしと共に！
Somewhere,someday……いつか、また旅に行ける日がくることを願って。

NHK　制作局　第2制作ユニット
「世界はほしいモノにあふれてる」
チーフ・プロデューサー

柳迫　有

世界はもっと！ほしいモノにあふれてる3
～これからも海を越えて仕事する！～

監修・協力　NHK「世界はほしいモノにあふれてる」制作班

企画・編集　松山加珠子

装丁・デザイン　冨永浩一（ROBOT）

撮影　関めぐみ（シーラ・クリフ、東由香里、設樂真也）　中村 功（坂野高広）

取材・文　magbug　木村由理江　浜野雪江　上條桂子

校正　牧野昭仁

2021年10月27日　初版発行

発行者　青柳昌行

編集　小川純子（文化・スポーツ出版部）

営業企画局　谷 健一

生産管理局　森村利佐　坂本美香

発行　株式会社KADOKAWA
　　　〒102-8177 東京都千代田区富士見 2-13-3
　　　電話 0570-002-301（ナビダイヤル）

印刷・製本　大日本印刷株式会社

●お問い合わせ
https://www.kadokawa.co.jp/
（「商品お問い合わせ」へお進みください）
※内容によっては、お答えできない場合があります。
※サポートは日本国内のみとさせていただきます。
※Japanese text only